AVANZA AYUNANDO

Josh Herring

CONTENIDO

AGRADECIMIENTOS

Este libro no hubiera sido posible sin mi mejor amigo, mi Señor Jesús. Todo lo que tengo me lo ha dado él. Me gustaría agradecer a mi esposa Jenee por su amor y apoyo inquebrantable durante todo nuestro matrimonio y por ayudarme a criar a nuestros cuatro hermosos hijos: Jude, Jhett, Jade y Jaxton. Ellos realmente hacen que mi vida este completa y sea el hombre más bendecido del planeta. También me gustaría honrar a mis padres Ron y Cindy Herring por el amor inagotable y la guía que me han brindado toda mi vida.

Quisiera agradecer a mi pastor, Brian Kinsey por su sabiduría, consejos y amor por nuestra familia. También fue un inmenso honor que él escribiera el prólogo de este libro.

A mis pastores, Obispo Stan Gleason, Obispo James Stark, Obispo Darrell Johns y Obispo. C. P Williams, los honro y les doy gracias por estar siempre a mi lado.

Quiero agradecer a mi editora, Patricia Bollmann, por las horas que ha dedicado a corregir los numerosos errores que he cometido.

A mi amigo y diseñador gráfico, Ryan Johns, gracias por tu increíble trabajo y tu amistad.

Me gustaría agradecer a la editorial Dust Jacket toda la ayuda que me han dado en la publicación de este trabajo.

A mis muchos amigos que me han pedido y seguido incentivando a que escriba un libro sobre el tema del ayuno, también les doy las gracias.

PRÓLOGO

En este día y hora, el ayuno es más importante que nunca, es un arma en nuestro arsenal que frecuentemente es ignorado. Josh Herring aporta su experiencia y conocimientos a este crítico tema, explicando el significado del ayuno y su impacto en el avance del reino de Dios. El resultado es vivir una vida santa que tendrá un impacto eterno en otros y en la iglesia. Por esta razón, el ayuno ha sido una parte integral de mi ministerio durante los últimos cincuenta años.

El estudio de la Biblia alimenta y fortalece nuestro espíritu, pero el ayuno nos prepara para la guerra espiritual. Cuando se practican ambos a la vez, la oración y el ayuno forjan un arma poderosa contra el enemigo. Como explica Herring, "las recompensas del ayuno supera los beneficios del banquete". Dios diseñó el ayuno para desafiarnos y elevar nuestra relación con él para crear poderosos avances en el Espíritu. Como dice el autor, la comida puede distraernos de los mayores encuentros que podríamos tener con Dios.

El ayuno nos ayudará a cambiar, a crecer y a subir a un nuevo nivel. Nos acercaremos más a Dios y sentiremos más compasión por los que sufren. Éstas son sólo algunas de las doce recompensas del ayuno presentadas en Isaías 58. En Avance Ayunando, Herring aconseja a los lectores que "desarrollen hábitos espirituales que le sean un reto. Vayan más allá de sus devocionales. Si no los desafía, no los cambiará"

La desesperación llevó a los héroes bíblicos a negar su carne mediante el ayuno, porque, como expone Herring, "No nada como una desesperada necesidad para que uno recurra al ayuno". Ester ayunó por la liberación de los judíos. Como resultado, obtuvo sabiduría, confianza y fuerza para interceder ante el rey por su pueblo. Daniel ayunó para obtener una respuesta a la oración, aunque el príncipe demoníaco de Persia se resistiera a recibirla. Nehemías ayunó para restaurar Jerusalén durante la amenaza de una guerra constante. Finalmente, toda la ciudad de Nínive ayunó y se arrepintió cuando se enteró del inminente juicio de Dios por la predicación de Jonás.

El ayuno activa fuerzas espirituales que nos animan y fortalecen, permitiéndonos derrotar al enemigo y cumplir la misión. El ayuno reafirma nuestro enfoque y abre la puerta a nuestro destino, impactando no sólo nuestra vida sino la de todos los que nos rodean. Al leer este libro, di sí al Espíritu. Comienza tu ayuno con la expectativa de que Dios se moverá y que tú desarrollarás una relación más profunda e íntima con él que ninguna oposición pueda detener.

-Brian Kinsey, pastor de la Primera Iglesia Pentecostal, Pensacola Autor de Hechos para *Más: 7 estrategias comprobadas para alcanzar su máximo potencial.*

INTRODUCCIÓN

Simplemente no hay ningún sustituto, ninguna fórmula alternativa que dé los mismos resultados, ninguna otra vía de consagración espiritual que te lleve a esta dimensión y te revele las cosas más profundas del Espíritu. Es el sacrificio que más premia el cielo, que más teme el infierno y que más odian los humanos. Me refiero, por supuesto, al ayuno.

Si has estado buscando respuestas y no las has encontrado, el ayuno disminuirá el poder del diablo y abrirá la dirección divina e instrucción sobrenatural como nada más podría hacerlo. El ayuno matará la carne como ningún otro esfuerzo de sacrificio, por lo que es la razón por la que no nos gusta ayunar.

Reconozcámoslo: ¡nos encanta comer! Pero no vivimos para comer; es decir, hasta que empezamos a saltarnos comidas. Entonces nuestro estómago comienza a gruñir, exigiendo una renegociación que anula nuestra abnegación. El ayuno es una batalla dura de ganar porque nuestra carne quiere tener el control. En este libro, con la ayuda del Señor, te guiaré en un viaje que te va a inspirar a pelear esta batalla interna y salir victorioso de ella.

Hay muchas razones por las que ayunar, y abarcaremos tantas como podamos en este libro. Pero por ahora, si necesitas liberación de alguna adicción, hábito o fortaleza en tu vida, te desafío a que ayunes sobre ello. Nada rompe mejor las cadenas como un ayuno consagrado. Cuando se hace correctamente, el ayuno puede incluso restaurar la salud de un cuerpo enfermo.

Si hay una maldición generacional en tu familia, puedes desterrarla para siempre. Puedes forzar la salida del infierno de tu vida persiguiendo al Señor tan intensamente a través del ayuno y la oración que los demonios preferirán huir de ti y de tu familia antes que quedarse y sufrir los golpes asestados de cada comida a la que digas no.

Algunas personas tienen poco o ningún concepto del significado del ayuno. En resumidas cuentas, ayunar significa abstenerse de comer; comer muy poco o abstenerse de ciertos alimentos. Es un tiempo de abnegación. Hablaremos de diferentes tipos de ayuno con el propósito de motivar incluso a los más débiles de entre nosotros a "ir con todo" para alcanzar una relación con Jesús como nunca antes habían experimentado. Realmente creo que el mayor beneficio del ayuno es que acerca al individuo a Jesús. Nada más puede compararse con sentir y saber que Él está más cerca de ti que nunca antes. El ayuno y la oración te llevarán a un lugar secreto en el Señor que no se puede encontrar de ninguna otra manera.

> *Pero tú, cuando ayunes, perfúmate la cabeza y lávate la cara para que no sea evidente ante los demás que estás ayunando, sino solo ante tu Padre, que está en lo secreto; y tu Padre, que ve lo que se hace en secreto, te recompensará.*
> (Mateo 6:17-18 NVI)

El ayuno hará que pidas cosas increíbles que nunca habías soñado pedir al Señor. Moisés pidió ver la gloria del Señor, y su petición fue concedida. Vio cosas que sólo hemos leído en las Escrituras. La experiencia sobrenatural de Moisés todavía me asombra el día de hoy. (Véase Éxodo 33:18-23.)

¿Te has preguntado alguna vez cómo conocemos los acontecimientos de la creación? Después de todo, no había humanos de pie tomando notas en sus iPads. No había teléfonos móviles grabando la voz del Creador cuando tronó: "¡Sea la Luz!". La respuesta vino en respuesta a la petición de Moisés durante un ayuno. El Señor dijo: "Verás mi espalda".

>>*Cerca de mí hay un lugar sobre una roca —añadió el Señor—. Puedes quedarte allí. Cuando yo pase en todo mi esplendor, te pondré en una hendidura de la roca y te cubriré con mi mano, hasta que haya pasado. Luego, retiraré la mano y podrás verme la espalda. Pero mi rostro no lo verás*>> (Éxodo 33:21-23)

Según el Léxico hebreo del Antiguo Testamento versión King James (en inglés), la palabra para "partes traseras" es 'achowr, que significa la parte de atrás, detrás, retaguardia, o más allá (del tiempo). Así, muchos teólogos creen que a través de esta experiencia sobrenatural Dios reveló a Moisés los acontecimientos que tuvieron lugar durante la creación. ¡Qué momento, qué milagro, qué recuerdo!

Quizá pienses: "Sí, bueno, él era Moisés y yo no, así que ¿por qué debería ayunar? ¿Qué acontecimiento sobrenatural podría ocurrir si ayuno?" Bueno, creyente hermano, ¡estoy encantado de que me lo preguntes! Primeramente, las cosas profundas de Dios están ahí fuera, justo fuera de tu alcance. Están en un mundo que nunca has reconocido o tal vez ni siquiera conoces. Segundo, si no alcanzas estas cosas, alguien más las va a ver, escuchar, sentir y experimentar. También podrías ser tú.

En este libro compartiré varios milagros y experiencias personales que he presenciado durante o como resultado del ayuno. Te prometo que cuando leas este libro vas a querer dejar los platos en la alacena y los cubiertos en el cajón y hacer un ayuno prolongado. Te aseguro que encontrarás más de Jesús de lo que has experimentado hasta ahora, y la palabra de Dios se abrirá ante ti como nunca antes. Mientras tú disminuyes, Él aumentará de una manera que nunca imaginaste. ¿Estás preparado? ¿Estás dispuesto? Todo es posible, así que ¿por qué esperar más? ¡Avance Ayunando!

CAPÍTULO 1
Señales para ayunar

Era el 30 de noviembre de 2008 cuando llegó la señal. Mi mujer, Jenee, y yo vivíamos en Millington, Tennessee. Llevábamos casados sólo unos seis meses y estábamos evangelizando juntos a tiempo completo. Antes de nuestro matrimonio, yo llevaba casi cinco años evangelizando y, hasta aquel momento, mi agenda solía llenarse con meses de antelación. Pero en noviembre de 2008 llegó una temporada de desierto. Llevaba dos semanas sin predicar; no tenía programado ningún sitio para los dos domingos siguientes; no había llamadas ni textos con invitaciones para predicar. La señal empezó a parpadear en mi espíritu y en mi mente de que tenía que llevar a cabo un ayuno. Si queríamos sobrevivir a esta época de sequía, tenía que hacer algo más que quedarme de brazos cruzados y esperar lo mejor.

Escuché la señal fuerte y clara: "Haz un ayuno de diez días y el Señor te sacará de esto". El ayuno más largo que había completado antes de recibir esta señal era de ocho días, y me había llevado años lograrlo. Anteriormente había intentado realizar ayunos prolongados sólo para dejarlos después de cinco, seis, siete u ocho días. Pero esta vez sabía que necesitábamos una dirección y sólo había una manera de conseguirla: mi carne iba a tener que morir en un altar durante más de un día o dos.

Comencé al día siguiente -primero de diciembre- con la determinación de que nada me iba a impedir descubrir lo que el Señor intentaba decirme. Estuvimos tan apretados económicamente durante esos diez días que probablemente habría tenido que ayunar de todos modos. Mientras buscaba una respuesta de Dios, Jenee sobrevivía con la única comida que teníamos en la alacena: guisantes y atún enlatado.

El tiempo transcurrió durante siete días sin ninguna respuesta, pero también con la convicción de que llegaría una. Entonces llegó el octavo día, el día determinante, el día en que había terminado con los ayunos anteriores que no había podido cumplir. Una vocecita empezó a parlotear incesantemente en mi mente: "Nada va a cambiar, así que ¿por qué no comes y dices que lo intentaste?". Conocía esa voz; la había escuchado antes. Pero ese octavo día supe que tenía que ignorar esa voz, porque no hay nada peor que comprometerse con una causa espiritual durante un tiempo y luego echarse para atrás. Inyecta en el espíritu de uno autoderrota, desánimo y ansiedad. Estaba decidido a no rendirme esta vez.

El noveno día marcó la entrada en un nuevo territorio, y yo sabía que Dios me estaba observando y escuchando. Puedo atestiguar la verdad de la afirmación del profeta Isaías de que la paz perfecta prevalece cuando la mente de una persona permanece en Dios. Porque al final del noveno día ocurrió algo que nunca olvidaré.

El teléfono sonó. Era un pastor de Florida que llamaba para preguntar si estábamos interesados en mudarnos a ese estado y establecer nuestro ministerio evangelístico en su iglesia. Tenía un hermoso departamento en el que podíamos vivir; ¡podíamos empacar nuestras cosas y mudarnos cuando quisiéramos! Podría haber traspasado la línea telefónica para abrazarlo. ¡Aquí estaba la prueba viviente de que Dios me había escuchado!

Aun así, ayuné el décimo día para estar seguro de que esta respuesta provenía del Señor, y Él me confirmó que era su voluntad. ¿Crees que esa llamada habría llegado si hubiera ignorado la señal de ayuno? No, yo tampoco.

Regalamos casi todo lo que teníamos y empacamos todo en nuestro pequeño Toyota Camry. A finales de diciembre habíamos salido de aquel desierto y habíamos entrado en una temporada de cosecha como nunca habíamos experimentado. En los años siguientes, vimos a más de dos mil personas bautizarse en el nombre de Jesús. El avivamiento estalló en todos los lugares a los que fuimos.

Si estás buscando la dirección del Señor, lo mejor que puedes hacer es ayunar, porque te posicionará para escuchar su voz. Piensa en ello como si estuvieras escuchando una emisora de radio. A veces la estática es tan fuerte que ahoga cualquier otra cosa en la habitación y no puedes pensar claramente. El ayuno baja el volumen de la estática. Silencia las distracciones de la vida, la mente y el enemigo, permitiéndote escuchar la voz de Dios como una señal de alarma.

Así aprendí por experiencia que una desesperada necesidad de dirección activará una señal en el Espíritu para hagas un ayuno prolongado. La dirección del Señor depende de tu sensibilidad a su voz y a su voluntad, y nada te hará más sensible al Espíritu que el ayuno. Creo que el ayuno, combinado con la oración, es el navegante definitivo de tu vida, tu vocación, tu ministerio y cualquier otra oportunidad que pueda surgir en tu futuro.

Seguidamente, te traigo una lista de cinco señales que te indican que ha llegado el momento de realizar un ayuno prolongado. Si prestas atención a estas señales, las recompensas positivas te dejarán boquiabierto.

FRUSTRACIÓN ESPIRITUAL

Primero déjame aclarar lo que no es la frustración espiritual: no es la indignación del Espíritu Santo, donde el Espíritu del Señor se levanta en ti en desacuerdo con la rebelión o el mal que te rodea. Eso no es frustración espiritual; es frustración divina. Un ejemplo bíblico es Lot viviendo en la malvada ciudad de Sodoma. Él "era un hombre justo que estaba harto de la inmoralidad deshonrosa de la gente perversa que lo rodeaba. Sí, Lot era un hombre justo que su alma se encontraba atormentada por la maldad que veía y oía día tras día" (2 Pe. 2:7-8, NVI). La frustración espiritual a la que me refiero ocurre cuando nuestra carne comienza a interponerse en las cosas espirituales. Hace que nos distraigamos y nos molestemos con situaciones o personas en nuestras vidas hasta el punto de que dejamos de progresar hacia Dios y empezamos a retroceder lejos de Dios.

Si te sientes agotado por la batalla de la vida o si sientes que caminas en círculos y que nada te entusiasma ya, es hora de ayunar. La frustración espiritual, si no es tratada eficaz y rápidamente, cosechará resultados negativos. Algunas de las actitudes más amargas hacia otros se encuentran en personas espiritualmente frustradas. La frustración espiritual puede apartar tus ojos de tu propio curso y cambiar tu enfoque a las bendiciones de otros.

Entonces te preguntas por qué esas personas están tan conectadas o tienen tanto favor de Dios, porque tú eres el que merece el reconocimiento o la posición. Estar sumido en la frustración espiritual puede abrir puertas a espíritus demoníacos y a emociones humanas que paralizan el camino del creyente con Dios. Nada invita más a los espíritus malignos en la vida de alguien que una puerta dejada entreabierta por la amargura. Por ejemplo, la amargura puede llevar a la ira y al odio si no se trata con oración y ayuno. Si estás amargado por la buena fortuna de otra persona, haz un ayuno para limpiar tu visión y ayudarte a concentrarte en aquello que te hará avanzar en Dios.

De hecho, el ayuno renovará tu mente y corregirá tu pensamiento en todas las áreas de la vida. Despeja el desorden y elimina la confusión en tu espíritu, permitiéndote llegar a ser todo lo que puedes ser para el Señor. El ayuno te permitirá incluso perdonar a personas contra las que no eras consciente de que albergabas malos sentimientos. Como la cadena de un ancla, el ayuno traerá temas y personas a la superficie de tu mente para que puedas lidiar con ellos. Cuanto más tiempo ayunes, más disminuirá la frustración hasta que sea reemplazada por la expectativa de cosas más grandes que te esperan en el futuro.

Una de las razones por las que creo tanto en el ayuno es que elimina mis frustraciones y me ayuda a volver a centrarme en las cosas que realmente importan. Por un lado, el ayuno me hace mirarme en el espejo de mi propia vida y resalta mis emociones negativas y mis defectos. Por desgracia, tendemos a resentir y/o ignorar las críticas constructivas de los demás, que pueden ver áreas de nuestra vida que necesitan ser corregidas o renovadas, pero temen que no recibamos sus críticas constructivas y que la relación sufra o incluso se rompa. El ayuno expone estos problemas

JOSH HERRING

para que podamos tratarlos en privado con la ayuda del Señor. Todos decimos que queremos ser mejores. Pues bien, esta es una manera de hacerlo: ayuna para eliminar esa frustración. Ábrete a convertirte en todo lo que puedes ser en Jesús.

CARNALIDAD

La carnalidad es otra fuerte señal de que es necesario el ayuno. Todos tenemos momentos carnales en los que decimos o pensamos algo de lo que luego nos arrepentimos, pero un buen encuentro de oración suele encargarse de esos momentos. Aún así, hay otra dimensión de la carnalidad que necesita ser superada con un ayuno. Esta dimensión es la carnalidad que ocurre (1) cuando prefieres hacer cualquier cosa menos orar; (2) cuando no piensas en tomar tu Biblia para realizar alguna lectura diaria hasta que has cerrado los ojos por la noche; (3) cuando las cosas divinas ya no llaman tu atención; (4) cuando está bien al estar en las redes sociales durante horas chequeando los estados de los demás, pero al leer la Biblia durante cinco minutos te da sueño. Si estás experimentando estos o cualquier otro síntoma de carnalidad, ¡te sugiero urgentemente que hagas un ayuno!

No dejes que la carnalidad te mantenga distraído durante meses o años. Cuando te sorprendas a ti mismo siendo tentado y no siendo firme o cuando los pensamientos cuestionables no sólo pasan por tu mente sino que se instalan allí, ¡es hora de ayunar!

Así que les digo: Vivan por el Espíritu, y no seguirán los deseos de la naturaleza pecaminosa. (Gal. 5:16)

No hay mayor amenaza para el infierno que un hombre o mujer que deja la carnalidad y camina en el Espíritu. El reino

6

de las tinieblas desconfía de esa persona cada momento del día. El infierno le teme a quienes ayunan, al que no se conforma con recurrir al Espíritu de vez en cuando, sino el que camina y vive en el Espíritu. Hay una gran diferencia entre recurrir al Espíritu y caminar en el Espíritu.

Recurrir al Espíritu incluye cosas como centrarse en Dios cuando estás a punto de predicar, cantar o ser utilizado en un determinado evento o reunión. Incluye un deseo repentino de ser usado en los dones del Espíritu a pesar de no estar totalmente consagrado ese día, o una necesidad de sentir a Dios en una situación desesperada cuando no ha habido ningún esfuerzo últimamente para llegar a él. Básicamente, recurrir al Espíritu es perseguir a Dios a tiempo parcial mientras se toman frecuentes descansos espirituales (es decir, carnalidad). Muchas personas que son usadas poderosamente pueden moverse en el Espíritu cuando están detrás de un púlpito o sosteniendo un micrófono pero no necesariamente cuando están en la calle o en la tienda. Estos son ejemplos clásicos de recurrir al Espíritu.

Caminar en el Espíritu es diferente de recurrir a él ocasionalmente. Caminar en el Espíritu incluye el compromiso diario con la oración y la lectura de la palabra junto con un día reservado cada semana para el ayuno. El fruto del Espíritu en la vida de uno también es un buen indicador de un camino espiritual. A la lista de frutos espirituales de Gálatas 5:22-23 (amor, gozo, paz, paciencia, bondad, fidelidad, benignidad y dominio propio), Pablo añadió después la compasión y humildad (Col. 3:12). El ayuno verdaderamente matará la carne, permitiendo que el precioso fruto del Espíritu florezca en tu vida.

Imagina un contorno de tiza de tu cuerpo. Dentro del contorno blanco hay una delgada capa negra llamada espíritu. El resto es una figura roja de tu cuerpo llamada la carne (naturaleza carnal). Así es como la mayoría de nosotros vivimos -una naturaleza carnal cubierta por una delgada capa de espíritu. Ahora imagina esa carne roja (carnalidad) encogiéndose y haciéndose más y más pequeña dentro del contorno marcado con tiza mientras la capa negra del espíritu se hace más y más grande. Eso es lo que sucede cuando ayunas; tu espíritu aumenta mientras la carne disminuye. El ayuno encogerá no solo tu carne humana sino también tu carnalidad. Cuanto más del Espíritu de Dios viva en ti, más fácil será renunciar a la voluntad de tu naturaleza carnal y someterte a la voluntad de Dios y a su naturaleza divina.

La carne que nunca es crucificada a través del ayuno eventualmente llenará no sólo el interior del contorno marcado con tiza, sino que finalmente sobresaldrá fuera de la línea para que todos lo vean. Si te examinaras hoy, ¿encontrarías el Espíritu del Señor consumiéndote o encontrarías la carne roja apoderándose de tu vida? Cuando encuentres la respuesta, sabrás si necesitas hacer un ayuno.

El ayuno revela tu verdadero yo y luego pone esa versión de ti en un altar y dice que nunca más serás así. El ayuno cambiará tu vida para siempre, especialmente si lo haces frecuentemente. Nada es tan poderoso; ¡nada es tan importante!

SEÑALES FÍSICAS

Otra señal de que necesitas hacer un ayuno no es necesariamente tan espiritual como física. Si tienes problemas de salud, el ayuno puede ser una fuente increíble de sanación. Uno de los muchos tipos de ayuno es el ayuno de jugos, durante el cual sólo se beben jugos recién hechos y agua durante un tiempo. Esto puede proporcionar varios beneficios para el cuerpo físico porque da a sus órganos internos un descanso de todo el bombeo y la digestión. Si tienes problemas digestivos, haz un ayuno y sal de él correctamente, y verás una mejora dramática.

Isaías 58 es conocido por muchos lectores de la Biblia como el "capítulo del ayuno". En él se encuentran dos cosas importantes: (1) una descripción del ayuno que agrada al Señor, y (2) una promesa de algunas de las recompensas que una persona puede esperar por obedecer la palabra de Dios. Te sugiero que leas este capítulo si la idea de hacer un ayuno conmueve tu corazón. Una de las recompensas que puedes esperar es que la salud vuelva a tu cuerpo.

Si así procedes, tu luz despuntará como la aurora, y al instante llegará tu sanidad, tu justicia te abrirá el camino, y la gloria del Señor te seguirá. (Isa. 58: 8, NVI)

No es sólo mi opinión; la palabra dice que puedes esperar que tu salud vuelva rápidamente. En experiencia propia, sufría de un doloroso nudo en uno de los músculos de mi espalda. Después de hacer un ayuno prolongado, el nudo se redujo drásticamente y el dolor disminuyó. También he visto y oído que los tumores se reducen cuando se hace un ayuno. Esto es verdadero especialmente con ayunos prolongados. Obviamente, si has comido comida basura, frituras y alimentos azucarados durante veinte años, te va a costar más de veinticuatro horas de abstinencia reparar los efectos de esos malos hábitos en tus órganos internos. Una advertencia: Una de las cosas que la gente tiende a hacer cuando sale de un ayuno prolongado es saturarse de azúcares y otros carbohidratos para satisfacer el antojo que ha sido ignorado durante días, y en algunos casos, semanas. He cometido ese error antes y he aprendido que comer de esa forma después del ayuno en realidad revierte su sanación. Puede dañar su estómago y ralentizar su tasa metabólica hasta el punto de que el cuerpo almacenará automáticamente la comida basura como grasa, creando una reserva de energía en caso de una futura inanición. La mejor manera de evitar este efecto negativo es dejar el ayuno lentamente y con cuidado. Hablaremos de esto con más detalle más adelante en el libro.

SEÑALES EMOCIONALES

Otra señal de que es el momento de hacer un ayuno no es física, sino más bien emocional. Si estás luchando contra la depresión, la opresión, el miedo, la ansiedad, el estrés, la fatiga, te sientes abrumado por las preocupaciones de la vida, o todo lo anterior, te animo a no rendirte a estos sentimientos negativos, sino a levantarte y batallar. La vida misma puede oprimirte, y luego el infierno vierte más basura encima de la carga que ya llevas. ¿Recuerdas esa molesta voz que mencioné antes en el capítulo? Esa voz repetirá: "Nada va a mejorar nunca. Además, has hecho tantas cosas malas que te mereces este mal resultado o este juicio". Si sigues escuchando las voces equivocadas puedes llegar a estar extremadamente deprimido, incluso suicida.

Hay una respuesta que puede sacar a tu mente y a tus emociones de la oscuridad: ¡ve y ayuna! Tu mente puede estar atormentada, pero si tomas la decisión ahora mismo de hacer ese ayuno, las cosas van a cambiar para mejor. Creo con todo mi corazón que el ayuno hace que nos concentremos mentalmente y salgamos de cualquier tipo de trauma emocional. Si alguien te ha hecho daño alguna vez en tu vida, aun sí pasó hace años, el ayuno puede sanar tu mente atribulada y tu corazón lastimado. El ayuno puede permitirte perdonar a las peores personas.

¿Cómo puede ser esto posible? Cuando un hijo de Dios herido

comienza a ayunar, Dios interviene. No importa el dolor, el ayuno puede hacerse camino dentro de él y sanarlo de adentro hacia afuera. Dios quiere liberarte de esta carga emocional. Volvamos al "capítulo del ayuno" para comprobarlo.

El ayuno que he escogido, ¿no es más bien romper las cadenas de injusticia y desatar las correas del yugo, poner en libertad a los oprimidos y romper toda atadura? (Isa. 58:6)

En este versículo se encuentran algunos de los beneficios emocionales del ayuno. Uno de los beneficios es que Dios deja libre al oprimido. La palabra hebrea para "oprimido" es ratsats, que significa aplastar o ser aplastado, maltratado, roto o desanimado. En otras palabras, si estás roto o aplastado por una situación o circunstancia, el ayuno te libera de eso.

Isaías expuso también que el ayuno rompe todo yugo. La palabra hebrea para "rompe" es nathaq, que significa tirar o arrancar, levantar y desarraigar. Cualquiera que sea el yugo que te ahogue, el ayuno lo arrancará, lo quitará o, mi favorito, lo desarraigará. No importa quién puso el yugo en ti o cuánto tiempo ha estado allí. No importa lo pesado que sea o si hay varios yugos. El ayuno los arrancará todos. El ayuno va por debajo de la superficie de tu cara sonriente, profundiza hasta la fuente del dolor y exige liberación.

Mientras lees esto, Dios te está ofreciendo esperanza. Él quiere poner una sonrisa en tu rostro que no esté ocultando el dolor o el miedo. Él quiere que sientas una felicidad plena y real, no las expresiones falsas de alegría que no son más que un encubrimiento de algo que necesita ser sanado en tu espíritu, mente o corazón. Necesitas experimentar la paz que está por encima y más allá de cualquier paz mental humana. Es la paz de Dios. Él dijo en su palabra que nos mantendría en perfecta paz si nuestra mente se mantiene en él. Yo quiero esa paz. He experimentado esa paz. Esa paz viene a través de la oración y el ayuno y la meditación en su palabra. ¡Tú puedes experimentarla hoy!

Toda persona necesita amor, por muy independiente que parezca. El amor es un bálsamo que sana las heridas más profundas y elimina las mayores culpas. Las personas sufren en silencio y se convencen de que no hay forma de arreglar sus problemas. Me niego a sentarme y dejar que estas personas sufran sin intentar iluminar su camino con un faro de amor y esperanza. Quiero mostrarles la salida para que puedan ser libres, para que puedan experimentar una vida mejor, la vida que Dios tiene para ellos. La vida que sólo él sabe que pueden tener porque vino a la tierra y pagó por ella con su propia y preciosa sangre en la cruz. (Véase Hechos 20:28; Hebreos 9:12.)

AYUNANDO POR LOS DEMÁS

Esta es quizás la más débil de todas las señales espirituales, y sin embargo es la señal que puede traer los resultados más milagrosos.

¿Por qué es una señal difícil de captar? Porque esta dimensión de sensibilidad requiere un individuo abnegado, humilde y con mentalidad de reino. Ayunar por otra persona es ser como Cristo. Por ejemplo, Jesús no ayunó durante cuarenta días en el desierto por sí mismo; ayunaba por todas las necesidades de la humanidad a las que iba a enfrentarse. Los ciegos, los sordos, los cojos, los pobres y los perdidos iban a acudir a él en busca de ayuda. Incluso habría encuentros con muertos que necesitarían ser resucitados. Cada persona necesitada que acudiera a Jesús vería satisfechas sus necesidades porque se encontraría con el que había ayunado por ellas. Ayunar por otra persona es un secreto que pocas personas persiguen.

Ayunar por los demás dará recompensas tanto para ellos como para uno mismo. Por ejemplo, Dios revocó el cautiverio de Job cuando éste oró por sus amigos. Cuando oró por ellos, Dios dijo: "Ya es suficiente, Satanás. Libera a Job de más dolor, pruebas, pérdidas y problemas". Si el simple hecho de orar por ellos cambió su situación, ¿qué crees que hará el ayuno cuando mires las cargas de los demás y digas: "No se haga mi voluntad, sino la tuya, Señor"?

Muchas personas en la Biblia, además de Jesús, conocían este secreto de ayunar por los demás: Moisés, Ester, Nehemías, Daniel, Juan el Bautista, Pablo, y la lista continúa. En el noveno capítulo de Mateo, Jesús encapsuló una discusión sobre el ayuno con la sanación de un paralítico, la resurrección de una niña muerta, la sanación de una mujer enferma y la sanación de un ciego y un mudo. ¡Las recompensas al ayunar por los demás son milagrosas!

¿Hay alguien que necesita que contactes a Dios en su nombre? ¿Hay alguien en una crisis financiera? ¿Hay alguien que esté luchando contra un espíritu de suicidio? Más aún, ¿te importa? Si no hay recompensa para ti, ¿realizarás la tarea? ¿O eres más egoísta de lo que crees? Lo extraño es que algunos de nosotros oraremos para que los dones del Espíritu operen en nuestras vidas donde podamos ver el flujo milagroso, pero no ayunaremos en privado por otra persona. ¿Deseas la plataforma y no el altar? ¿Buscas la validación y el reconocimiento de los demás por un don espiritual que, para empezar, no es tuyo? Señor, ayúdanos a ser verdaderamente conscientes del reino. Ayúdanos a ver las necesidades de los demás tan claramente como vemos las nuestras.

Alguien cerca de ti está esperando que te conectes con el Espíritu. Alguien necesita que vayas delante del trono en su nombre. ¿Y si fueras tú el que necesita llegar a Dios? ¿No querrías que alguien llevara tu necesidad ante su magnífica presencia, donde toda rodilla se dobla y toda lengua confiesa que él, Jesús, es el Señor de todo?

El cielo espera tu respuesta, el infierno teme tu respuesta, y alguien cercano a ti espera tu respuesta: "Sí, me sacrificaré por ti. Empujaré el plato hacia atrás para que puedas ser sanado. Me negaré a mí mismo para que Dios satisfaga tu necesidad". Es fundamental que entiendas estas señales antes de pasar al siguiente capítulo.

CAPÍTULO 2

¿Qué tanto lo quieres?

¿Qué tanto lo quieres? Esa es la pregunta que le hago a todos los que me dicen que tienen el deseo de encontrar más de Dios de lo que nunca han conocido, porque algunas cosas del Señor sólo vienen a aquellos que tienen hambre de ellas y hacen lo que sea que Él les pida que hagan. Cualquiera puede hablar de querer acercarse a Dios, pero de donde yo vengo, Alaska, hablar es barato. Necesitas un fuego insaciable y ardiente dentro de ti que no te deje tranquilo, que nunca te deje sentirte satisfecho con lo que ya has experimentado.

La nación de Israel se resistió a todo lo que profetizó Jeremías. Lo odiaban por sus predicciones del desastre que les sobrevendría si no atendían la voz del Señor. A lo largo de los años del ministerio de Jeremías, manifestaron su intenso odio hacia él de diversas maneras: fue azotado y puesto en el cepo (20:1-3); fue atacado por una turba (26:1-9); fue amenazado por el enfurecido rey que acababa de leer el rollo de Jeremías (36:26); fue arrestado, golpeado, acusado de traición y encarcelado (37:1-15); desde la cárcel fue arrojado a un pozo de barro y dejado morir de hambre (38:1-6); y fue rechazado por los miembros de su propia familia (12:6).

Jeremías había escuchado palabras proféticas en sus oídos desde que era un niño. Pero después de años de quebrantar los corazones de piedra de la gente y de no recibir más que abusos por sus esfuerzos, los buitres de la duda comenzaron a dar vueltas en su mente y en su ministerio. Estaba cansado. Declaró que no mencionaría al Señor ni hablaría más en su nombre. ¿Quién podría culparlo por renunciar?

En el mundo actual, la mayoría de la gente consideraría que el ministerio de Jeremías fue un fracaso, porque piensan que si las personas en un ministerio no son populares o prósperas, es que deben estar haciendo algo mal y pocos los escucharán. Me atrevo a decir que si Jeremías estuviera vivo hoy, nadie lo contrataría para su próxima conferencia. Era demasiado enérgico, demasiado contundente, demasiado irritante, y sus palabras daban en lo más profundo.

Pero el Señor no dejó que este profeta descorazonado renunciara. Jeremías lo describió así: "Entonces su palabra en mi interior se vuelve un fuego ardiente que me cala hasta los huesos. He hecho todo lo posible por contenerla, pero ya no puedo más" (Jer. 20:9, NVI). A pesar de las críticas que lo bombardeaban por fuera, el fuego del mensaje del Señor seguía ardiendo en su interior, y no podía alejarse aunque quisiera. Era un guerrero, y los guerreros no se rinden.

¿Ha deseado alguna vez algo con tanta intensidad que harías casi cualquier cosa para conseguirlo? Si miras atrás, probablemente ha habido un momento en el que estabas desesperado porque algo sucediera, porque alguien se fijara en ti, o por una respuesta a una pregunta persistente que no te dejaba en paz. Así es como funciona también en el Espíritu. El Señor pone en tu vida el deseo de más, y empiezas a tener hambre de ello con una pasión que el infierno teme. Dios te dará un sabor de algo milagroso y poderoso y luego observará para ver cómo reaccionas al sabor.

¿PAGARÁS EL PRECIO?

Si entras en una heladería o en una tienda de yogurt helado, verás gran variedad de sabores maravillosos. La mayoría de estos establecimientos ofrecen muestras gratuitas. El empleado suele sacar de detrás del mostrador una cuchara del tamaño de la uña de un pulgar y un vaso del tamaño de un dedal, y luego pregunta al cliente qué sabor quiere probar. Una vez probado el dulce helado, hay que tomar una decisión: o te conformas con la pequeña muestra gratuita y te vas del establecimiento, o compras una porción mucho mayor. En otras palabras, el dedal es gratis, pero el envase lleno te costará algo. Querer una porción mayor tiene un precio.

Lo mismo pasa en el mundo espiritual. Puedes atesorar el recuerdo de ese momento pasado en el que oíste algo sorprendente o viste algo milagroso, o puedes conseguir algo actual y mucho más maravilloso pagando el precio. ¿Cómo se paga el precio? Ayunando y orando mucho.

HAZ EL DEPÓSITO AHORA

Otro ejemplo es el de una cuenta bancaria. Si haces depósitos periódicos en tu cuenta y luego llega el día en que necesitas fondos extra para comprar algo, no habrá preocupación porque el dinero se ha acumulado en tu cuenta. Ayunar es como hacer un depósito, y una petición de oración es como hacer un retiro. Si ayunas lo suficiente, tendrás más de lo que necesitas cuando llegue el momento de un retiro espiritual.

David, mientras se preparaba para luchar contra el invicto Goliat, se detuvo junto a un arroyo, recogió cinco piedras lisas y las metió en su bolsa. Resultó que sólo necesitó una de esas piedras para derribar a Goliat. La interrogante es la siguiente: Si David hubiera fallado en su primer lanzamiento, habría tenido cuatro oportunidades más de golpear a su objetivo. ¿Por qué? Porque se tomó el tiempo de antemano para equipar munición extra. Eso es lo que es y hace el ayuno. Cuanto más ayunes, más municiones tendrás en tu arsenal.

Todavía no he visto que un hijo de Dios que ayune rutinariamente termine siendo el perdedor cuando se desata una lucha por su destino en el mundo espiritual. Puede que la gente los pase por alto (porque se fijan en la apariencia externa), pero el infierno es muy consciente de que el que ayuna será probablemente el vencedor en cada batalla, simplemente por la munición que poseen en el Espíritu. El diablo y todos sus ángeles conocen lo difícil que es vencer a un guerrero que ayuna. Los guerreros que ayunan tienen tenacidad; prefieren hacer cualquier cosa antes que comer. Saben lo que está en juego y saben cómo hacer el trabajo.

Es irónico que comúnmente la gente es impresionada con la personalidad, pero el cielo se conmueve con el sacrificio. También es irónico que las personas que ayunan suelen vivir a la sombra de personalidades carismáticas. Sin embargo, cuando el diablo se presente a la batalla y se encuentre cara a cara con el ayunante, deseará no haber pisado nunca ese campo de batalla.

¡VAS A QUERER AYUNAR!

Me apoyo en la afirmación de que cuanto más esté la gente hambrienta de Dios, será más probable que quiera ayunar. Pero dejemos una cosa clara: el ayuno no es divertido. Significa colocarse en un altar agotador y sangriento que exige la muerte. La carne debe morir a través del ayuno. Sin embargo, las personas que tienen hambre de Dios ven este altar como algo más que una sentencia de muerte a los deseos de su "viejo hombre"; lo ven como la oportunidad de que se manifieste más de Jesús en sus vidas. Para los siervos hambrientos del Señor, es una bendición ayunar. Es un honor decir no a la invitación a la mesa del banquete para que el Espíritu pueda prosperar y dominar los resultados de las situaciones que se presentan en sus vidas.

Cuando la gente me pregunta qué debe hacer con respecto a su hambre o a su deseo de comer ciertos alimentos mientras está en ayuno, les pregunto qué tan seria es la necesidad por la que están ayunando. Esa hamburguesa puede esperar si la necesidad aún no ha sido solucionada. La pizza parlante que sigue interrumpiendo tu sueño gritando, "¡Necesitas comerme!" está mintiendo. Es una táctica del infierno para ver si eres serio en ello. Por cierto, mientras más tiempo te quedes con los tentadores pensamientos de pepperoni, queso y una selección de tres ingredientes a tu gusto, más probable será que termines el ayuno. Por el contrario, mientras más tiempo digas "¡No, gracias!" al sueño de la salsa marinara, más probable será que te conectes con la realidad del sueño milagroso que el Señor puso en tu espíritu.

PRIORIDADES O PLACER

Muchos de nosotros somos como Esaús espirituales; vendemos un futuro poderosamente consagrado en la voluntad de Dios por un plato de comida. Nos conformamos con menos del Espíritu de lo que podríamos haber tenido porque simplemente no podemos imaginarnos sin comer por unos días o semanas. ¿Por qué no podemos imaginarlo? Porque no estamos lo suficientemente sintonizados para comprender todo lo que el Señor tiene para nosotros. Es fácil seguir adelante y comer cuando no somos conscientes de los posibles resultados positivos de nuestro sacrificio. Algunos de nosotros necesitamos decirnos a nosotros mismos, "No, no vas a comer hoy. Hay algo demasiado valioso en juego como para sustituirlo por un bistec".

Esaú habría hecho bien en tener en cuenta este consejo cuando llegó del campo y percibió el aroma del pan cocido y del guisado hirviendo a fuego lento en el fuego del campamento de Jacob. Le resultó fácil dejar de lado su derecho de primogenitura porque sólo pensaba en saciar su hambre. Así, "mostró desprecio por sus derechos como primogénito" (Gen. 35:34, NVI), o, como dice El Mensaje, "se encogió de hombros". Pensó que un intercambio casual no importaría porque seguía siendo el primogénito, lo que, supuso, le daría derecho a recibir una doble porción.

Analicemos más detenidamente las implicaciones del intercambio de Esaú. En los tiempos patriarcales, la "primogenitura" entraba en vigencia a la muerte del padre. Los hijos menores recibían cada uno una porción igual de los bienes de su padre, pero el primogénito recibía una porción doble. El primogénito también heredaba el liderazgo de la familia; en efecto, se convertía en el patriarca o el sacerdote del clan familiar. Aparte del derecho del primogénito a la primogenitura, cada hijo recibía una bendición, un pronunciamiento del padre a sus hijos sobre lo que preveía para sus vidas. Una bendición mayor, por supuesto, se pronunciaba sobre el primogénito.

Quizás Esaú no estaba tan preocupado por la primogenitura

como lo estaba por la bendición. Tal vez no le importaban las responsabilidades que acompañaban a la primogenitura. Para él, la primogenitura no era tan atractiva como la bendición. Conozco a muchas personas que aman las bendiciones de la popularidad y la prosperidad, pero no quieren saber nada de la primogenitura. Pero Jacob era el polo opuesto. Ni siquiera mencionó la bendición ese día cuando Esaú llegó tambaleándose, hambriento por la caza. Jacob quería esa primogenitura.

Si lo ves desde el punto de vista espiritual, la primogenitura es el poder de supervisar el favor de Dios. Tu Padre celestial te lo ha confiado a tu cuidado. Si no quieres la responsabilidad, alguien más la quiere, y hará lo que sea necesario para obtenerla. Si Esaú hubiera esperado sólo un poco más para comer, si hubiera entrado en su propia tienda y se hubiera hecho algo de comer o hubiera pedido a uno de los sirvientes que se lo preparara, no habría desechado borda esta parte de su futuro.

Ten cuidado cuando la carne dice: "¡No puedo pasar otra hora sin comer!" cuando el Espíritu te está diciendo que aguantes un poco más. Puedes terminar lamentando lo que entregas a otra persona para su futuro, dejando que te preguntes cómo habría sido tu futuro si tan sólo tuvieras esa primogenitura.

¿Por qué dice la Biblia que Dios "odiaba" a Esaú? (Véase Rom. 9:13; c. Mal. 1:2.) Según la Biblia de Estudio Apostólico, esta afirmación no significa que Dios detestara a Esaú; "más bien es una expresión idiomática que indica elección o preferencia y significa: 'He elegido a Jacob en lugar de Esaú'". ¿Por qué eligió Dios al hijo menor sobre el mayor? ¿Fue por la falta de carácter de Esaú? Hebreos 12:16 identifica su falta de carácter como profanidad. Otras traducciones de la Biblia traducen la palabra como falta de reverencia por las cosas de Dios, impiedad o, como lo llama El Mensaje, "el síndrome de Esaú". Dios no odiaba a Esaú; odiaba su despreocupación y la actitud impía de Esaú. A este hombre no le importaba la primogenitura porque no podía esperar otros cinco minutos para comer. Dios odia cuando nos da la capacidad de sacrificarnos o de soportar situaciones y lo tomamos a la ligera y se la entregamos a otro.

Aquel día en que Esaú desperdició su derecho de primogenitura, no tenía idea de que algún día también perdería la bendición de Jacob y se quedaría sin nada. Si hubiera sabido ese hecho, nunca se habría detenido junto a la hoguera de Jacob. Creo que algunos de nosotros, si supiéramos las ramificaciones de nuestros caminos comprometedores, nos apresuraríamos a decir: "No, no puedo permitirme comer esto y perder el favor divino. Tengo demasiadas cosas eternas que esperar sólo para disfrutar de algo temporal que me hará perder lo que puedo tener en Dios".

¿Por qué dice la Biblia que Dios amaba a Jacob? Porque el hambre de Jacob era muy diferente a la de Esaú. Esaú tenía hambre de gratificación inmediata, de comida para satisfacer su estómago gruñón; Jacob tenía hambre de algo más que la porción que recibiría como hijo menor. Quería los privilegios excepcionales de su hermano. Para añadir más dramatismo, la familia le había dado un nombre que significa suplantador o engañador o, literalmente, "seguir al talón". Quizá fue nombrado así porque al nacer Jacob estaba agarrado al talón de su hermano gemelo. O tal vez se debió a la profecía que se declaró sobre los gemelos antes de que nacieran que el mayor serviría al menor. En cualquier caso, el nombre comenzó a perseguir el carácter de Jacob y se convirtió en la encarnación de su significado.

El día en que Esaú se presentó en su hoguera, Jacob vio la oportunidad de ir tras la primogenitura. Entonces, cuando llegó el momento de otorgar la bendición a Esaú, Jacob engañó a su anciano padre haciéndose pasar por su hermano gemelo. Isaac, cuya vista era débil, sospechó que algo andaba mal, pero Jacob finalmente lo convenció y el anciano le dio a su hijo menor la bendición que le correspondía por derecho al hijo mayor.

Ciertamente, al principio los métodos de Jacob eran erróneos; utilizaba la astucia para conseguir lo que quería. Pero veinte años después, tras un encuentro con un ángel, era un hombre transformado. A partir de entonces, obtuvo lo que quería por medios espirituales. Luchó tan tenazmente con el ángel que éste no pudo liberarse. Jacob dijo: "¡No te dejaré ir si no me bendices!". El ángel le preguntó: "¿Cuál es tu nombre?". Tal vez Jacob se mostró renuente o incluso avergonzado cuando respondió: "Jacob".

El ángel pronunció: "Tu nombre ya no será Jacob. A partir de ahora te llamarás Israel, porque has luchado con Dios y con los hombres y has vencido". (Véase Gen. 32:26-28, NVI.) El nuevo nombre del suplantador fue "Israel", un nombre con muchos matices de significado y significación teológica. Diversos diccionarios y comentarios bíblicos han definido el nombre como recto, derecho, justo, feliz, bendito. El Diccionario de Nombres Propios del Antiguo Testamento define a Israel como "será príncipe con Dios" o "retiene a Dios" (se ha convertido en un receptáculo en el que Dios puede ser recibido y retenido). En definitiva, el nombre "Israel" se convirtió en algo más que su nueva identidad; se convirtió en el emblema de la nación que saldría de él.

El punto es que Jacob estaba tan desesperado por la voluntad de Dios que estaba dispuesto a luchar con este ser celestial que tenía el poder de lanzarlo al espacio exterior. Tal vez sintió que Dios no puede resistirse a un guerrero hambriento que hará lo que sea necesario para obtener más del Espíritu.

CUESTE LO QUE CUESTE

Al parecer, a Dios le encanta que no estemos satisfechos con lo que ya ha hecho, sino que sigamos deseando más. Simplemente no podemos dejar de querer más de la presencia de Dios. Todo lo que nos importa es que él esté satisfecho con nosotros. Podríamos relajarnos y descansar de la espiritualidad quedándonos en la cama una hora más -o dos o tres-, pero en lugar de eso levantamos la cabeza de las esponjosas almohadas, salimos de debajo de nuestras cómodas mantas, nos introducimos con sueño en el cuarto de oración de nuestra casa (dondequiera que esté) y decimos: "No se haga mi voluntad, sino la tuya". ¡Tenemos hambre!

Cuando todo el mundo a tu alrededor está disfrutando de una fiesta de cumpleaños o del banquete de Navidad con todos los manjares que están haciendo gruñir tu estómago, y tú miras a la cara de la tentación y dices: "No, gracias, esperaré en el Señor", tú, amigo mío, lo deseas mucho. Estás en camino de recibir algo mucho más delicioso al final: una respuesta o un milagro o un ministerio de Dios que superará sobreabundantemente lo que se esté sirviendo frente a ti esa noche.

DOLOR QUE NO RECORDARÁS

Alguien tiene hambre de más. Alguien está dispuesto a sufrir por ello. Alguien tiene mentalidad de soldado, y su entorno no lo va a distraer de su misión. El guerrero sufrirá física, emocional, mental, financiera, verbal, doméstica e incluso espiritualmente si su misión lo requiere. Si Dios le ha pedido a un guerrero hambriento que ayune un cierto número de días o que ore un cierto número de horas, no podrá impedir que complete la misión. La recompensa al final de la batalla supera grandemente el sufrimiento durante la contienda.

Mi esposa dio a luz a nuestros dos hijos, Jude y Jhett, con diecisiete meses de diferencia. Recuerdo las náuseas, la fatiga y el malestar que tuvo durante los dos embarazos. Frecuentemente se preguntaba: "¿En qué estaba pensando? ¿Por qué me estoy haciendo esto?". Además, aprendí estando junto a ella en la sala de partos que dar a luz a los bebés era más duro que todos los meses de llevar a esos pequeños. ¡Es increíble por lo que pasan las mujeres para dar vida a un bebé!

Y sin embargo, después de que naciera Jude, mi esposa no recordaba ninguna de esas horas, días, semanas y meses de embarazo. Tras un parto muy duro, estaba preparada para tener otro hijo unos meses después. ¿Por qué? Porque la recompensa de ver y oír el dulce llanto de su ángel recién nacido eliminó el sufrimiento que había soportado para llegar a ese momento. Lo mejor es que ella puede disfrutar del milagro no sólo por un momento, sino, que el Señor se tome su tiempo y tenga favor en nosotros, por décadas y décadas. En otras palabras, no consideras que el precio sea tan caro cuando ves el valor de la bendición que vas a adquirir.

¡ES EL MOMENTO DE IR POR ELLO!

Vivimos en una generación que no lo quiere. Tristemente, hay predicadores por ahí que aplastarían a cualquiera para tener un gran compromiso de prédica, pero esos mismos predicadores se dan vuelta y siguen roncando cuando el Espíritu les susurra al oído que se despierten y tengan un encuentro con Dios en oración. ¿Por qué? Porque no hay audiencias en la sala de estar a las 4:00 a.m. Hay que pagar un precio por aquello que es auténtico, pero, ¡oh, qué auténtico es esa cosa! Lo diré hasta que me muera: si no lo quieres lo suficiente como para ir a por ello, otro irá. La persona que no esté interesada en pagar el precio será un espectador mientras el guerrero hambriento participa en la batalla dentro de la arena.

Jesús nos encomendó a tomar nuestra cruz y seguirlo. La mayoría ve la cruz como una simple carga o una pesadez, pero la cruz era la más cruel y dolorosa de todas las formas de ejecución en la sociedad romana del siglo I. La flagelación u otras formas de infligir dolor solían tener lugar antes de la crucifixión, y luego el criminal era obligado a llevar su propia cruz hasta el lugar de ejecución. Muchos de la élite que esperaban ser condenados a menudo se suicidaban (lo que no era una opción para los no ciudadanos) porque el castigo de la crucifixión era demasiado doloroso de soportar. Sin embargo, Jesús dijo a sus discípulos que tomaran su cruz y lo siguieran. ¿Por qué? Porque si tú y yo no estamos dispuestos a llegar hasta el final, no llegaremos hasta el final.

Sé un guerrero; ve por todas; nunca dejes de buscar. ¿Hasta cuándo? "Hasta que la muerte los separe". Nada puede distraer al guerrero que está hambriento de más presencia del Señor. En cuanto a mí, prefiero morir que comer cuando estoy en un buen y prolongado ayuno. No hay comida alguna, por muy deliciosa que sea, que pueda satisfacer mis papilas espirituales cuando tengo hambre de lo sobrenatural.

MANZANAS DE EDÉN

Si aún necesitas ser convencido, pregunta a tus más antiguos antepasados, Adán y Eva. ¡Hablando de la vida perfecta! Ningún lugar terrenal podría compararse con el Edén, el jardín diseñado y plantado por Dios Todopoderoso. Cualquier botánico o paisajista que hubiera visto este jardín habría dejado caer su mandíbula con incredulidad. Adán y Eva tenían el privilegio de escuchar la voz audible de su creador cuando venía cada día a caminar con ellos por el jardín. Aun así, había una atracción irresistible que arruinaba toda esta perfección y tranquilidad. ¿Qué era? La comida. Esta comida ni siquiera era chocolate; era sólo fruta. La fruta es buena, pero, en mi opinión, palidece en comparación con cualquier cosa que lleve gotas de chocolate.

Satanás sabía que si Adán y Eva desobedecían y comían el fruto, sus ojos se abrirían y llegarían a ser como Dios, conociendo el bien y el mal. ¿Cómo lo sabía? Estaba allí mismo escuchando las instrucciones de Dios sobre no comer el fruto del árbol del conocimiento del bien y del mal. Esto le indicó que el camino a la caída de la humanidad era a través de su estómago. Efectivamente, Adán y Eva no pudieron abstenerse de la única cosa que se les ordenó no comer. Desecharon la conexión más íntima con la deidad por el tentador sabor de un bocado de fruta.

No dejes que esa serpiente se enrede alrededor de tu hombro y susurre en tu espíritu que puedes tener todo de Dios sin decir no al plato que está lleno con toda tu comida favorita. La comida llena el estómago, pero el ayuno llena el alma y alimenta el espíritu. No recomiendo ir a la batalla contra una persona que ayuna a menudo. He visto a algunas personas amargadas ir en contra del que ayuna y nunca salen ganando.

Cuando estás bajo ataque, nada muevas más a Dios a actuar a tu favor como el ayuno y la oración. El ayuno es el alma declarando: "No se haga mi voluntad, sino la tuya". Por muy difícil que sea no defenderte, prueba a ayunar primero y verás lo que pasa cuando Dios te defienda. Oh, ¡cómo odia el infierno esta táctica de guerra! Los demonios saben que cuando entras en esa mentalidad, ese tipo de desesperación, ese tipo de hambre que significa que es sólo cuestión de tiempo antes de que Dios aparezca en tu favor. El infierno puede tentarte a dejar de ayunar, pero eso significa que el infierno tiene miedo de lo que estás haciendo.

ENFÓCATE, JOVEN PROFETA

En 1 Reyes 13 se relata el caso de un joven profeta de Judá al que Dios llamó a Betel, en Israel, para que profetizara contra el altar de becerros de oro que había levantado el rey Jeroboam. Su mensaje fue espantoso: «¡Altar, altar! Así dice el Señor: "En la familia de David nacerá un hijo llamado Josías, el cual sacrificará sobre ti a estos sacerdotes de altares paganos que aquí queman incienso. ¡Sobre ti se quemarán huesos humanos!"» Aquel mismo día el hombre de Dios ofreció una señal: «Esta es la señal que el Señor les da: ¡El altar será derribado, y las cenizas se esparcirán!» (1 Reyes 13:2-3, NVI).

Enfurecido por esta profecía, el rey Jeroboam señaló al joven profeta y gritó: "¡Atrapen a ese hombre!". Al instante, la mano y el brazo del rey se secó. Entonces se abrió una gran grieta en el altar y se derramaron las cenizas. El miedo golpeó el corazón del rey, y le rogó al joven profeta: "¡Por favor, pídele al Señor tu Dios que me devuelva la mano!" Así que el hombre de Dios oró y la mano del rey fue restaurada. Evidentemente, Jeroboam estaba un poco asombrado, pues invitó al joven a comer en el palacio y le prometió darle un regalo. Sin embargo, el joven se negó, explicando que Dios le había dicho que no comiera ni bebiera nada en Israel, y que debía volver a casa por un camino diferente al que había venido.

El joven se dio la vuelta y se marchó. A lo largo del viaje debió cansarse, porque seguidamente lo vemos descansando a la sombra de un árbol. Un anciano profeta se acerca en un burro y le pregunta si es el joven profeta que testificó contra el altar. Le dice: "Debes estar cansado y hambriento. ¿Por qué no vienes a casa conmigo a comer?".

El joven profeta explica el mandato del Señor, pero el anciano profeta miente y dice: "¡Pero el Señor me ha dicho que te lleve a mi casa para que comas y bebas!". El joven profeta abandona descuidadamente su ayuno y llena su barriga con el pan y el agua del anciano. Mientras la comida está en su boca, el anciano se vuelve contra él y profetiza: "Has desafiado la palabra del Señor y has desobedecido el mandato que te dio el Señor, tu Dios. Por eso, tu cuerpo no será enterrado en la tumba de tus antepasados". (El anciano profeta ensilla su burro, se lo entrega al joven profeta y lo manda a irse). Así fue, el joven no había llegado muy lejos cuando un león se encuentra con él en el camino y lo mata, dejando el cuerpo tirado en el camino con el burro y el león de pie junto a él. Esta historia sirve para ilustrar el interés del infierno por el ayuno. El diablo cree en la eficacia de la obediencia, la oración y el ayuno. Él tiene que creer porque no puede negar los efectos devastadores que ocurren en su reino del mal por un hombre o una mujer que obedece, ora y ayuna.

BIENVENIDO A LA GUERRA ESPIRITUAL

Uno de los mayores casos bíblicos que podemos estudiar para encontrar inspiración para atacar el reino de las tinieblas se encuentra en Daniel 10. Durante veintiún días Daniel no había comido ningún manjar (delicatesen), en su boca no había entrado ni carne ni vino. Esta intensidad atrajo la atención del mundo de los espíritus de ambos lados. Eso es lo que hace el ayuno: activa la guerra espiritual.

Después de veintiún días, Daniel recibió la visita de un ángel del Señor, que declaró que su oración había sido escuchada el primer día de su ayuno. Sin embargo, la respuesta fue retrasada por el príncipe de Persia, un espíritu maligno de alto rango con autoridad sobre toda una nación para impedir que un hombre en ayunas obtuviera una respuesta. Pero Dios envió a su ángel una ayuda: El arcángel Miguel, el ángel de la guerra. Bienvenido a la guerra en el reino espiritual. Los ángeles y los demonios no son hadas con plumas; son seres espirituales creados en los cielos que luchan entre sí por tu futuro. Afortunadamente, el cielo no pasara por alto cuando un guerrero siga ayunando para lograr un avance. Dios enviará su ayuda.

Cuando el ángel finalmente se comunicó con Daniel, le dijo que él y el ángel Miguel estaban en camino para luchar contra las fuerzas combinadas del príncipe de Persia y el príncipe de Grecia. Los espíritus demoníacos aparentemente tienen asignaciones sobre naciones, regiones, condados y ciudades. Para que el infierno impidiera que la oración de Daniel pasara, estos mandamases demoníacos tenían que abandonar sus puestos. En otras palabras, Satanás estaba más preocupado por un hombre en ayuno que por una nación entera de personas. ¡Qué halago!

Al final, Daniel recibió su respuesta. Ahora mismo, alguien que está leyendo esto está sintiendo la atracción del Espíritu para hacer un ayuno. Pero también está escuchando las amenazas del enemigo. El infierno está preocupado de que tú -el chico o la chica promedio, de buen corazón, ese buen cristiano que no es realmente una amenaza para las fuerzas opositoras- estés a punto de convertirte en un guerrero hambriento.

La pregunta que tengo para ti es: ¿estás dispuesto a ir a por ello? ¿Por qué no? Es hora de dar un paso adelante y participar en la batalla. Haz que el infierno tema cada vez que te levantes de la cama en medio de la noche para orar. Haz que el lado oscuro se preocupe de que vayas a decir "No hay comida mañana" porque necesitas un ángel guerrero para obtener esa respuesta. Cuando tus pies toquen el suelo mañana, la batalla habrá comenzado. ¡Vamos, soldado! ¡Deséalo lo suficiente como para ir a buscarlo!

CAPÍTULO 3
Autoridad espiritual

Algunas personas que lean este capítulo pensarán que estoy loco o que estoy delirando. Otros reflexionarán sobre el contenido como María lo hizo con el mensaje del ángel sobre el embarazo en el que estaba entrando. No obstante, otros devorarán este capítulo como si fuera su última comida en sentencia a muerte; se darán cuenta de la necesidad de captar y alcanzar la autoridad espiritual.

En primer lugar, la autoridad espiritual significa tener poder o dominio en el espíritu. Se trata de espíritus, no de carne. Como Jesús informó a Nicodemo, "Lo que nace del cuerpo es cuerpo; lo que nace del Espíritu es espíritu" (Juan 3:6).

Observe que en la última frase del versículo la primera mención de "Espíritu" va en mayúsculas y la segunda no. Esto es porque la primera palabra significa el Espíritu de Dios y la segunda se refiere al espíritu humano. No se puede tener autoridad espiritual sin tener el Espíritu de Dios. Él es el Rey de reyes, Señor de señores y Espíritu de espíritus. Jesús le dijo a Nicodemo: "Es necesario nacer del Espíritu".

Debe haber un día o una noche en la que se produzca un nacimiento espiritual para que puedas entrar en el mundo espiritual. Si quieres saber cómo hacer esto, te animo a que leas los primeros ocho versículos de Juan 3 y luego lee Hechos 2, 10 y 19 para ver demostraciones de cómo la gente -como tú y yo- nació del Espíritu.

Encontrarás que cuando alguien recibe el Espíritu Santo hay evidencia física que viene junto con la impartición espiritual. La persona nacida del Espíritu hablará en otras lenguas. ¿Qué significa esto? Si tu lengua nativa es el inglés, cuando seas lleno del Espíritu (o nacido del Espíritu), hablarás en un idioma que no entiendes como inglés. No tendrás ni idea de lo que estás hablando, pero al mismo tiempo sabrás que las palabras que salen de ti no eres tú en absoluto, sino el Espíritu del Señor hablando a través de ti.

> De aquel que cree en mí, como dice la Escritura, brotarán ríos de agua viva. Con esto se refería al Espíritu que habrían de recibir más tarde los que creyeran en él. Hasta ese momento el Espíritu no había sido dado, porque Jesús no había sido glorificado todavía. (Juan 7:38-39)

Así es como el Espíritu de Dios da a una persona el nacimiento espiritual. La palabra griega "nacido" es gennao, que significa nacer o ser engendrado, salir. Todos nosotros en algún momento nacimos en la carne. Dejamos la oscuridad del vientre materno y salimos a la luz. Lo mismo ocurre en el plano espiritual. Nacer del Espíritu significa que el Espíritu hace nacer tu espíritu. Naces de nuevo.

El Espíritu de Dios viviendo dentro de alguien es una pesadilla para las fuerzas del infierno. La razón de este tormento en el lado demoníaco es que no hay mayor poder o autoridad que el Espíritu de Dios. Lo que nos lleva a la siguiente dimensión de entendimiento del mundo espiritual.

EL ESPÍRITU DE DIOS REINA SUPREMAMENTE

Hay cuatro elementos distintos del mundo espiritual que están activos en el mundo físico en el que tú y yo vivimos. La primera y suprema autoridad tanto en el mundo espiritual como en el natural es, por supuesto, el Espíritu de Dios. Como se ha dicho anteriormente, ningún otro espíritu se puede comparar con su Espíritu. En la creación fue el Espíritu del Señor el que se movió sobre las aguas antes de que abriera su boca y ordenara: "¡Sea la Luz!". ¡Esas palabras salieron disparadas de su boca a 186.000 millas por segundo y no han dejado de volar a esa velocidad desde entonces!

El Espíritu del Señor no tiene oposición, ni adversario, ni retador, ni amenaza, ni otros dioses con los que tratar. Para que hubiera otro dios, el Señor tendría que crear esta deidad, y por lo tanto, porque Él la creó, sería una creación que estaría subordinada a su creador.

Si el Espíritu del Señor se mueve en ti, no podrás permanecer deprimido, desanimado o dudoso. Él es la luz, y todas las tinieblas huyen de su presencia. Su presencia domina, dicta y determina la existencia misma de los cielos y la atmósfera de la tierra. La razón por la que debes entender esto es porque la verdadera autoridad espiritual comienza con Aquel que tiene toda la autoridad -nuestro Señor Jesucristo. Antes de que los individuos puedan caminar en verdadera autoridad en el mundo espiritual, deben tener dentro de ellos a Aquel que tiene toda autoridad y dominio. Nadie puede pretender tener autoridad espiritual si no tiene su Espíritu viviendo dentro de él.

ESPÍRITUS ANGELICALES

La segunda dimensión en el mundo espiritual es la dimensión de los ángeles. Los ángeles están en un orden creativo superior al de la humanidad. No estoy de acuerdo con la gente que dice que los humanos pueden comandar a los ángeles, porque esa afirmación no es bíblica. El hombre fue hecho un poco más abajo que los ángeles y en ninguna parte de la Biblia se encuentran personas comandando las huestes celestiales de Dios. La carne no puede mandar al espíritu.

Los ángeles santos son espíritus ministradores que trabajan para Dios. No tienen voluntad carnal, pues no están hechos de carne como tú y yo, sino que están completamente compuestos de espíritu. Según la Biblia, Dios a veces ordena a los ángeles que se presenten como humanos para entregar mensajes, ayudar, defender o probar a los seres humanos.

No se olviden de practicar la hospitalidad, pues gracias a ella algunos, sin saberlo, hospedaron ángeles. (Heb. 13:2)

Este versículo indica que no todos los desconocidos que ves son personas. Dios tuvo que hacerse humano para llamar nuestra atención y salvarnos, así que tiene sentido que a veces, cuando nos habla o nos pone a prueba, utilice una fórmula similar y envíe un ángel en forma de persona. ¿Por qué haría esto? Si se te apareciera un ángel con enormes alas cubiertas de plumas blancas, con una coraza de oro y un halo brillante para ponerte a prueba diciéndote:

"Trata a esta persona que vas a conocer con amor y amabilidad", dirías: "¡Sí, por supuesto!". Mientras tanto, estarías intentando calmar tus escandalosos latidos porque acabas de ver a un ángel. En cambio, el ángel se acerca a ti como un extraño para ver cómo actuarás -o reaccionarás ante él- sin la intervención "espiritual".

Otra cosa que los ángeles son enviados a hacer es a proteger a los hijos de Dios. Creo que si temes al Señor, un ángel está siempre cerca de ti.

El ángel del Señor acampa en torno a los que le temen;
a su lado está para librarlos. (Sal. 34:7)

La palabra hebrea "acampa" es chanah, que significa declinar, inclinar, doblarse, cubrir como una tienda. En otras palabras, si eres un temeroso de Dios, no importa desde qué ángulo venga el enemigo hacia ti, el ángel se inclinará y te rodeará para esconderte del ataque y apagar los dardos de fuego u otras armas lanzadas por el infierno. ¡Vale la pena temer al Señor!

La próxima vez que Satanás trate de amenazarte, no temas; teme al Señor. Estarás agradecido de haberlo hecho. Si temes algo más que al Señor, esa cosa es tu señor. Si puedo convencerte de que temer a Dios por encima de todo es el secreto para ganar toda batalla espiritual que te amenace, entonces te he entregado un arma que el infierno teme demasiado.

La mayor y principal tarea que los ángeles realizan a diario es, en mi opinión, llevar las oraciones de la tierra al cielo para derramarlas ante el Señor. Daniel 10 y Apocalipsis 5 y 8 validan esta afirmación. Los ángeles llevan tus oraciones al trono en un frasco o incensario y las derraman ante el Señor. Podría llenar páginas y páginas sobre este tema, pero trataré de ser lo más breve posible.

Cuando un santo de Dios inicia su oración, un ángel es enviado para recoger la oración y llevarla a la presencia del Señor. Daniel escuchó esas palabras del ángel después de haber orado durante veintiún días. El ángel le dijo: "He venido por tus palabras" (Dan. 10:12). Pero así como los ángeles son enviados para llevar las oraciones, las fuerzas demoníacas son enviadas para impedir que esto suceda. ¿Quién gana? Tú eres el factor decisivo. Cuanto más ayunes y ores por algo, más probable será que la respuesta llegue.

Independientemente de lo que digan los demás, la hora del día en que se ora es importante. Ya lo he oído: "No importa a qué hora ores. Dios te escucha igual a las 4 de la tarde que a las 4 de la mañana". Esto es cierto, pero permíteme explicar algunos puntos a considerar. Primero, Jacob luchó con el ángel hasta el amanecer. La razón por la que el ángel le pidió que se fuera fue porque era el momento de ascender. Estaba listo para subir las oraciones. Si los ángeles van y vienen al amanecer, nos corresponde estar levantados antes del amanecer con nuestro arrepentimiento hecho y estando profundamente involucrados en el clamor o la intercesión.

Segundo, la razón por la que creo que la oración matutina es más valiosa (es decir, si tienes un horario de trabajo normal -entiendo que algunos tienen turno nocturno es porque se hace mucho más sacrificio salir de la cama matrimonial a las 4:00 o 5:00 de la mañana para ir a encontrarte con tu Dios que a las 4:00 o 5:00 de la tarde cuando estás completamente despierto. Permíteme aclarar que yo también oro por la noche, pero encuentro que las cosas más profundas del Espíritu suelen venir cuando hay un sacrificio de mi parte para llegar al lugar de encuentro con el Salvador.

Creo que todos debemos orar mañana, tarde y noche. La oración diaria debe ser nuestra máxima prioridad. No te estoy condenando si prefieres orar al mediodía que a las cinco de la mañana. Siendo sinceros, todos deberíamos intentar ser un poco más como Daniel, que tenía múltiples encuentros de oración cada día. Simplemente sé que si necesito una respuesta, voy temprano al trono. He visto más oraciones contestadas el mismo día que las hice al levantarme temprano para orar, que lo que podría alguna vez soñar con sólo orar cuando me toca hacerlo durante mi ocupado día.

Creo que muestra al Señor nuestra desesperación y deseo de respuesta cuando dejamos la comodidad y entramos en la consagración. La oración con sacrificio es poderosa. En mi experiencia, los días que oro temprano van mucho mejor que los días en los que busco un espacio para orar en mi ocupada agenda. Estoy menos estresado, preocupado y frustrado cuando sé que ya he puesto en manos de Dios cada conversación, encuentro, reunión, viaje en auto, vuelo, situación, dilema y necesidad antes de hacer cualquier otra cosa ese día. Lo contrario también es cierto: cuando no pongo estas cosas en su omnisciente cuidado con antelación, sin duda puedo esperar estrés, ansiedad, frustración y cualquier otra palabra desalentadora que pueda llenar los vacíos de ese día.

Así que, no hace falta decir que los ángeles se sienten atraídos por la oración. Los ángeles son enviados diariamente con misiones específicas. Algunos son enviados a proteger, otros a hablar y otros a recoger oraciones. Algunos ángeles son enviados a sanar, otros a destruir. La Biblia relata que Dios visitó a los egipcios y golpeó a sus hijos primogénitos la noche anterior a la liberación milagrosa de los israelitas. La acción fue realizada por un ángel de la muerte enviado por Dios.

Creo que es mucho más probable que una persona tenga un encuentro con un ángel si está cerca de donde el ángel es enviado a trabajar ese día. Que la persona reconozca o no que está cerca de un ángel depende de que el Señor permita que sus ojos se abran y su entendimiento se ilumine. Los ángeles trabajan para el Señor al igual que la mayoría de nosotros, excepto que no tienen la barrera de la carne con la que debemos lidiar diariamente. Pero nosotros tenemos un privilegio que los ángeles sólo pueden desear: aunque somos de carne, ¡tenemos acceso al Espíritu de Dios que vive dentro de nosotros!

ESPÍRITU DEMONÍACO

La tercera dimensión del mundo espiritual es la dimensión demoníaca. Para entender esta dimensión, debemos mirar el pasado de Satanás. La mayoría de los lectores de la Biblia saben que Satanás una vez fue conocido como Lucifer, el ángel de la luz. Ezequiel 28 registra con gran detalle las intrincadas características del rey de Tiro, también conocido como Lucifer. Lo primero que llama la atención es que Dios dotó a Lucifer de sabiduría; aparentemente, era el ángel más sabio jamás creado. Las personas que llaman al diablo tonto o ignorante están revelando su propia ignorancia espiritual. Ciertamente no glorificamos su sabiduría, pues es corrupta, contaminada, pervertida y puramente malvada. Dicho esto, entendemos que antes de su destierro de la hueste celestial, Lucifer era muy sabio. Ahora utiliza esta sabiduría contra los seres humanos.

Si nunca has fumado un cigarrillo, es probable que hoy no aparezca un traficante en tu puerta ofreciéndote cocaína. Ese intento de infierno fracasaría estrepitosamente porque ni siquiera tendrías la tentación de probar drogas en general. Si nunca has probado el alcohol, probablemente no tendrás la tentación de pasar por una licorería después del trabajo para malgastar tu sueldo en licores. Las tentaciones de este tipo caerán como un globo de plomo porque se te presentan en una zona de fuerza.

Satanás es astuto. Cuando un espíritu demoníaco va contra ti, va a los lugares débiles - lugares donde ya has caído frecuentemente. Por ejemplo, si luchas con una adicción, hasta que le pruebes consistentemente a las fuerzas de la oscuridad que has cerrado esa puerta tanto externa como internamente, puedes esperar que esa tentación aparezca una y otra vez en tu vida, usualmente cuando estás solo.

Las mejores maneras de cerrar la puerta a estas tentaciones y fracasos persistentes son la oración y el ayuno. Pedirle a Dios fuerza y autoridad es una forma maravillosa de empezar, y luego subir el fuego, poner la carne en ese altar a través de un buen ayuno. Una vez que has logrado esto, otra forma de mantener la puerta cerrada es elegir un día de cada semana y apartarlo para el ayuno. Esto mantendrá tu carne en el altar, y cuando esos espíritus malignos vengan a tocar tu puerta, encontrarán que la puerta está cerrada y se irán en el nombre de Jesús.

El ayuno mata la carne y envía un mensaje atronador a los rangos del infierno de que ya no eres lo que eras y que saldrás victorioso cuando termine este baño de sangre que es la guerra. El teólogo romano Tertuliano dijo una vez: "El ayuno, si se practica con la intención correcta, hace al hombre amigo de Dios, los demonios son conscientes de ello". ¡Qué asombroso es saber, como hijo de Dios, que el infierno se asusta cuando uno ayuna!

EL ESPÍRITU HUMANO

La cuarta y última dimensión es la humana. La razón por la que es la dimensión más baja es porque, según la Biblia, Dios nos hizo más bajos que los ángeles. Si el espíritu humano fuera suficiente para vencer las fuerzas espirituales opuestas, no hubiese habido la necesidad de que el Calvario o los ángeles se encargaran de nosotros.

Nuestro espíritu humano tiene "antenas" que pueden percibir cosas sin que se diga una palabra. Por ejemplo, puedes entrar en una habitación y sentir inmediatamente si no le agradas a alguien, aunque nunca te haya conocido. Lo contrario también es cierto: puedes entrar en una habitación y ver a alguien que no conoces, pero puedes sentir una conexión con él como si fueran amigos desde hace mucho tiempo. Ésta es una de las muchas formas de comunicación de los espíritus humanos.

Tu espíritu humano también es sensible al mundo espiritual. La parte carnal de ti no tiene ni idea a veces, pero tu espíritu humano sentirá cosas. Es por esto que el Espíritu Santo dentro de alguien es tan dinámico. Cuando el espíritu humano de alguien está lleno del Espíritu Santo, es guiado y se le da claridad en todas las situaciones de su vida.

Por ejemplo, una persona sin el Espíritu Santo puede entrar en un ambiente lleno de gente mundana y sentir que algo no está bien. Su espíritu humano no se conecta con la atmósfera que está recibiendo. Están preocupados, pero no pueden poner su dedo en la razón. Sólo saben que se sienten incómodos y que preferirían no estar allí. Por el contrario, una persona llena del Espíritu Santo siente la misma emoción cuando entra en esa atmósfera, pero puede sentir si hay demonios en la habitación, o alguien está poseído, o algo malo está a punto de suceder. ¿Por qué?

Porque el Espíritu Santo dentro de ellos es el Señor de Gloria, y nada escapa de Él.

Que cualquiera de estas dos personas se quede en la habitación depende de la voluntad de su espíritu humano. Si la persona sin el Espíritu Santo ignora esa frustración interior, se quedará. Si la persona con el Espíritu Santo ignora el susurro del Todopoderoso, también se quedará y, debo añadir, lo lamentará después.

Los susurros del Señor en tu oído son como estruendos sónicos en el mundo espiritual. Cuando la suprema autoridad espiritual le habla a alguien, no hay otra mayor comunicación en el planeta. Si realmente deseas tener autoridad espiritual, debes buscar el Espíritu de Dios. La manera de hacerlo es a través de la oración y el ayuno. El ayuno le da un micrófono a ese susurro del Señor; amplifica su voz hasta que puedas oírla fuerte y clara.

CAPÍTULO 4

Preparándose para el ayuno

Las personas que planean ayunar deben prepararse primero en múltiples áreas de su vida, especialmente si tienen en mente un ayuno prolongado. Por "ayuno prolongado" me refiero a cualquier cosa que supere los tres días, pero especialmente si el plan es ayunar siete o más días. Hay varios factores que hay que tener en cuenta a la hora de ayunar: factores espirituales, factores físicos, factores emocionales, factores mentales, factores de horario, factores financieros e incluso factores familiares se verán implicados en algún momento o en varios momentos durante ese periodo de consagración.

Comencemos por el factor espiritual. ¿Cómo nos preparamos espiritualmente para un viaje espiritual? Primeramente, puedo decir que el deseo de ayunar suele nacer de la unción espiritual. Me he dado cuenta de que algunos individuos ayunan por razones físicas, pero el hijo promedio de Dios que se siente llamado a ayunar está siendo movido por el Espíritu. El deseo de ayunar es la invasión de la carne propia por el Espíritu del Señor.

La preparación espiritual para un ayuno frecuentemente se pasa por alto y se descuida, y luego la gente se pregunta por qué no logra terminar el número de días que había planeado ayunar. Las personas siempre ayunarán más tiempo si se han consagrado durante un periodo de tiempo significativo antes de que comience el ayuno. Si ellos esperan perdurar todo el ayuno sin prepararse mediante la oración y la intimidad con Dios, la carne que nunca fue crucificada sigue muy viva y se levantará para abortar sus planes de ayuno.

Vemos el ayuno como una crucifixión de la carne, y hasta cierto punto es así. Pero por favor, reflexiona sobre esto: En el Antiguo Testamento, cuando llevaban el animal para el sacrificio al altar, lo mataban antes de quemarlo en el altar. Necesitamos tomar el mismo enfoque para nuestro próximo ayuno; necesitamos sacrificar nuestra carne antes de ayunar. Necesitamos prepararnos espiritualmente, no sólo físicamente.

¿Cómo nos preparamos espiritualmente para ayunar? ¿Cómo matamos la carne antes de quemarla en el fuego del ayuno? La respuesta puede ser diferente para cada persona, pero permíteme darte un ejemplo que puede conectar con muchos de los que están leyendo esto. El ayuno baja el volumen del mundo para que puedas escuchar la voz del Espíritu. ¿Qué pasaría si te desconectaras de las redes sociales o de mirar la pantalla de tu teléfono durante unas semanas antes de comenzar el ayuno? Me imagino que escucharías a Dios mucho antes durante tu ayuno. Imagino que tus respuestas llegarían más rápido de lo que esperas porque te presentas en el altar del ayuno con la carne muerta lista para ser quemada.

Demasiadas veces, ofrecemos al Señor carne que aún está viva. Queremos poner nuestra carne en el altar por un tiempo y luego dejarla ir una vez que ha permanecido allí el tiempo suficiente para satisfacer nuestra conciencia. Que el nuevo grito de nuestro corazón se convierta en: "¡Que muera! ¡Que arda! No se haga mi voluntad, sino la tuya, Señor".

El ángel le dijo a Daniel, después de veintiún días de consagración, que su necesidad había sido escuchada el primer día. ¿Por qué? Porque Daniel tenía la costumbre de abrir su ventana tres veces al día para orar. ¿Cuántas "ventanas" están abiertas en tu teléfono en este momento? ¿Cuántas ventanas has abierto hoy en el Espíritu con la oración? Creo firmemente que desconectarse del mundo antes de un ayuno conducirá a mayores encuentros espirituales durante el mismo.

En Éxodo 34, Dios dijo a Moisés que no dejara a nadie entrar o acercarse a la montaña que iba a subir mientras ayunaba. Dios no quería que ninguna voz en competencia interfiriera durante el encuentro celestial de Moisés. Es peligroso que intentemos acercarnos a Dios para escuchar su voz y, al mismo tiempo, dudar de que hable, por lo que traemos otras voces para llenar el silencio.

La consagración constante se compara, en mi opinión, con un campamento de entrenamiento físico que un soldado debe pasar para poder entrar en la batalla. Los soldados deben probarse a sí mismos todos los días a las mismas horas, superando los mismos ejercicios, soportando las mismas presiones y fortaleciendo los mismos músculos antes de poder pensar siquiera en ser destinados al servicio activo para defender a su nación.

Lo mismo ocurre con el que está a punto de entrar en la zona de guerra que llamamos ayuno. Debes demostrarle al Maestro que estás preparado en todos los aspectos antes de que te libere para ir a la batalla. ¿Por qué? Porque el ayuno no sólo es una guerra en tu cuerpo carnal sino también en el mundo espiritual. Entrarás en lugares que nunca has visto ni oído hablar, y será mejor que estés preparado para lo que sea o para quien sea que esté ahí fuera.

La mejor manera que conozco de prepararme espiritualmente para un ayuno es orar a la misma hora todos los días, si es posible, junto con la lectura de un número constante de capítulos de la Biblia cada día. Creo que hay que orar con días, semanas e incluso meses de antelación, según la duración del ayuno que estés planeando.

Cuanto más prolongado sea el ayuno, mayor deberá ser la consagración previa. Cuanto más ores al respecto, más te concentrarás en ello. El ayuno acabará por consumirte si te has sumergido en la oración diaria antes de empezar. No tengas miedo de hablar con el Señor sobre el ayuno. Los detalles, pequeños o grandes, si te importan a ti entonces le importan a Dios.

Descubrirás que estarás más motivado cuando comience el día del ayuno porque has estado bombardeando el cielo con encuentros de oración y peticiones que están relacionadas con el tiempo de sacrificio en el que vas a entrar.

PREPÁRATE PARA LA DESINTOXICACIÓN

Hay factores físicos (preparativos) que deben tener lugar al prepararse para comenzar un ayuno. Yo he aprendido esto de la manera difícil. Según el número de días que desees ayunar, ese es el número de días que debes preparar tu cuerpo antes de comenzar el ayuno. He hecho varios ayunos en los que sentí que debía comenzar en un día determinado y no hice nada para prepararme físicamente, y eso perjudicó a mi cuerpo porque no eliminé las toxinas tomando decisiones alimenticias más saludables antes de comenzar.

Tu cuerpo eliminará muchas toxinas durante los tres o cuatro primeros días de ayuno, lo que provocará dolores de cabeza, cambios de humor, fatiga y otras manifestaciones físicas. Si has estado comiendo comida basura que es horrible para ti y bebiendo bebidas con cafeína, vas a experimentar síntomas de abstinencia y migrañas una vez que comiences el ayuno.

Hay tres tipos principales de alimentos que debes eliminar de tu dieta cuando te prepares para un ayuno: carnes rojas, azúcares y cafeína. Por ejemplo, si piensas ayunar siete días, siete días antes de la fecha de inicio despídete de los bistecs, chocolates y tés dulces para que tu cuerpo no enloquezca y te convierta en la persona más gruñona del planeta.

Si no lo haces, para el segundo día de ayuno tu cuerpo deseará estos "lujos" y serás un ser humano miserable. Obviamente, si eliges alimentos saludables como estilo de vida, esto disminuirá en gran medida los efectos secundarios de la desintoxicación al inicio del ayuno.

Me doy cuenta de que a veces el Señor nos llama a un ayuno sin mucho aviso. Debemos obedecer en esas circunstancias, pero en la mayoría de los casos, debemos tratar de prepararnos con antelación si vemos que se avecina un ayuno en las cercanías.

Otra forma física de prepararse para el ayuno es el ejercicio. Sé que esto no es lo que más le gusta a todo el mundo, y a algunos les gustaría hacerlo pero no pueden. Sin embargo, el ejercicio tiene un impacto inmenso en cómo te sientes físicamente. El ejercicio hace que el cuerpo libere algunas hormonas beneficiosas: serotonina (sueño reparador, apetito saludable, más energía, pensamiento más claro); endorfinas (júbilo); estrógeno (quema grasa en las mujeres); dopamina (la sustancia química del placer); y factores de crecimiento (estimula la producción de tejido muscular). Estas hormonas promueven buenas sensaciones que desencadenan pensamientos positivos y felicidad.

El ejercicio es algo que disfruto mucho, incluso cuando estoy ayunando. Es una salida increíble para liberar del estrés y la presión, ya sea espiritual o natural. Me permite concentrarme mentalmente y hacer que me relaje y deje de pensar en todo, sea lo que sea "todo" en ese momento.

El siguiente tipo de preparación para un ayuno es la preparación emocional. Debes estar preparado emocionalmente para estar sin comida antes de intentar un ayuno; de lo contrario, el estrés te pesará antes de empezar. Este es un momento emocionante en el que te vas a involucrar, por lo tanto, preocuparse hasta la muerte por pequeñas cosas no ayuda a tu mentalidad al entrar en ayuno. Sólo agotará tu impulso para completar el ayuno y dañará tu confianza en que puedes hacerlo.

La mejor manera de ayudarse emocionalmente es leer la palabra de Dios. La lectura de la Biblia trae una paz que sobrepasa todo entendimiento. Su palabra es la fuerza en la que necesitas confiar diariamente; es tu alimento espiritual. Las personas que dicen que la Biblia es aburrida son prisioneros de guerra espirituales que están muriendo de hambre por su propia voluntad. Nada hará que tus emociones se relajen y rejuvenezcan como la palabra del Señor.

Al de carácter firme lo guardarás en perfecta paz, porque en ti confía. (Isa. 26:3)

Las emociones pueden cambiar por capricho; así que, cuanto más estables sean tus emociones durante un ayuno, más tiempo podrás aguantar en el mismo. El enemigo trata de trabajar a través de mis emociones a veces. Si logra impedirme en una tarea o asignación importante, entonces puede distraerme y hacer que pierda la concentración en la meta o el destino que está en juego. En otras palabras, si él llega a mis emociones, él puede causar que yo deje un ayuno antes de que yo sea realmente liberado de él por el Señor.

Cuando tus emociones se descontrolan, frecuentemente haces cosas de las que luego te arrepientes. Dices cosas, o peor aún, actúas de una forma que no eres. Tus emociones mal manejadas pueden dejar un impacto mental defectuoso en la mente de otra persona sobre quién eres.

Durante un ayuno, tus emociones se manifestaran más de lo normal, especialmente si el ayuno es de varios días. Cuando ciertas hormonas se liberan en tu sistema, envían señales a tu cerebro de que es hora de comer. Normalmente obedeces estas órdenes, pero ahora estas rechazando esas señales y te niegas a someterte a sus exigencias. Tus emociones te gritarán: "¡Eso es lo que piensas! ¡Quiero comida!" La oración te ayudará a someter estas emociones, permitiéndote volver a centrarte en la oportunidad que tienes ante ti.

El siguiente factor es el mental. El éxito del ayuno probablemente se deba tanto a la preparación mental como a la física. No te equivoques; más vale que estés preparado para la guerra mentalmente cuando entres en el mundo del ayuno. Tu mente se debilitará, se cansará y se desgastará en un ayuno, especialmente si tu mente está acostumbrada a deleitarse con la carnalidad. Por lo tanto, es importante que alimentes tu mente con comida espiritual mientras retiras el alimento de tu cuerpo físico.

Descubrirás que tu mente anhelará comida, placer, entretenimiento y relajación durante tu ayuno. La única manera de alejar tu mente de estas distracciones es alimentarla con las cosas que te fortalecerán y sostendrán espiritualmente. Ya mencioné la importancia de la lectura de la Biblia, pero permíteme reiterar: nada alimentará tu mente con los pensamientos positivos que necesitas como las Escrituras.

No se amolden al mundo actual, sino sean transformados mediante la renovación de su mente. Así podrán comprobar cuál es la voluntad de Dios, buena, agradable y perfecta. (Rom. 12:2)

LA ELECCIÓN ES TUYA

Puedes conformarte o transformarte. Lo que te hace reflexionar determinará esa elección. Puedes convertirte en lo que te entretiene y simplemente fluir con la corriente (es decir, conformarte), o puedes ser transformado -convertirte en quien y lo que siempre has soñado ser en Dios.

La transformación, según las Escrituras, es el resultado de una renovación de la mente. La palabra griega para "renovar" es anakainosis, que significa renovar o cambiar completamente para mejor. Mientras más renovación tenga lugar en tu mente, mejor comenzarán a aparecer y sentirse las cosas. Una mente renovada hará que veas las cosas de forma diferente a como las habrías visto si simplemente te hubieras dejado llevar por la corriente. Si renuevas tu mente diariamente, entonces estás en un proceso continuo de transformación; siempre estás cambiando para mejor.

Sin embargo, si no renuevas tu mente, empezarás a conformarte con lo que te rodea, por muy negativo que sea. Sólo una renovación de la mente diaria te llevará a una transformación total en todas las áreas de tu vida.

Esta renovación debe hacerse a través de la palabra de Dios y de la oración. Si te estás preparando para hacer un ayuno, renovar tu mente diariamente es una necesidad. Líbrate del desorden deprimente y de las distracciones apremiantes entreteniéndote con la presencia del Señor diariamente tanto como sea posible. Cuanto más de su voz o palabras entren en tu mente, más renovación tendrá lugar, lo que resultará en una mayor transformación.

La renovación diaria de la mente es también la vía para encontrar la perfecta voluntad de Dios. Aclara tu visión espiritual dándote la dirección que necesitas para esa decisión que tienes entre manos. Según Romanos 12:2, es la manera de comprobar cuál es su voluntad. En otras palabras, puedes perderte la voluntad de Dios si tu mente siempre se conforma y nunca se renueva.

Transforma hoy tu forma de pensar. No dejes pasar otro día más simplemente existiendo y esperando un resultado diferente a pasar el resto de tus días en una vida sin rumbo. Renueva tu casa espiritual y te sorprenderás de los sueños y deseos que siguen vivos y que tienes encajetados en el armario de tus pensamientos.

Cuando alguien renueva una casa, sabe que le costará miles de dólares transformar lo que actualmente ve con sus ojos en lo que sólo puede ver en su mente. Tienen una visión, pero hacerla realidad tiene un precio. Sin embargo, consideran que el dinero gastado y los inconvenientes valen la pena; prefieren disfrutar del resultado de la renovación que vivir (conformarse) con el estado actual de la casa.

LA RENOVACIÓN PUEDE SIGNIFICAR UNA DEMOLICIÓN

Una casa abandonada no se convertirá en una casa soñada hasta que los renovadores llamen a un equipo de demolición. Esto se debe a que las cosas viejas tienen que ser demolidas antes de que se puedan construir cosas nuevas. De la misma manera, los viejos patrones y procesos de pensamiento de una persona deben ser demolidos antes de que pueda producirse la transformación. Los pensamientos negativos, pesimistas, amargos, envidiosos y celosos tienen que desaparecer durante la renovación.

Si ya has estado demoliendo los pensamientos que sabes que conducen a palabras y acciones negativas, amigo mío, has comenzado tu renovación mental que resultará en un futuro mucho más brillante que si hubieras continuado por el camino de la conformidad. La transformación ha comenzado.

La demolición puede ser dolorosa porque estás destruyendo un patrón que ha estado arraigado en tu proceso de pensamiento. Algunas personas, durante la fase de demolición de su casa, derraman lágrimas por los recuerdos que han creado en esa zona específica de la casa. Sienten una conexión sentimental con lo que se está removiendo, aunque saben que hay que hacerlo. Por ejemplo, una pared existente se ha convertido en un obstáculo para el concepto abierto que sabe que su familia necesita para estar cómoda en un espacio más grande. Tal vez la pared ha colgado imágenes, pero ahora sólo esta en medio del futuro. Está bloqueando la vista. Hay que demolerla.

¿Qué muros has dejado quedarse demasiado tiempo en tu mente? Encuéntralos y saca la bola de demolición. Es hora de renovarse.

Uno de los beneficios del ayuno es que Dios revela las paredes de tu naturaleza y de tu vida que necesitan ser demolidas para que pueda tener lugar una renovación. Su Espíritu es como un inspector que entra en la casa y dice que esto o aquello debe ser cambiado antes de que puedas intentar vivir aquí. Si algo en la casa no está conforme a las normas y por lo tanto puede causarte daño en el futuro, el inspector tiene el deber de informarle que es necesario un cambio inmediato. La demolición debe comenzar a pesar del tiempo que lleve el defecto. El ayuno convoca al inspector. El ayuno expone los defectos. En el lado positivo, el ayuno te mueve a la acción para asegurar esa área de tu vida para un futuro mejor. Una vez que hayas arreglado el defecto, podrás decir que el ayuno fue un éxito.

Algunas personas tienen muros en su matrimonio que fueron construidos en su infancia, y subconscientemente esperan que su cónyuge opere dentro de esos muros porque "así son las cosas conmigo". Prefieren no derribar ningún concepto o idea que les haya funcionado en el pasado que hacer las paces con la persona con la que están construyendo su futuro ahora. Su mensaje inmediato es: "Ese muro funcionaba muy bien en mi casa cuando era niño. El concepto no era discutible en el pasado, así que mi cónyuge tiene que entender que quiero ese muro. Me siento seguro con ese muro. No confío en su idea sobre mi futuro. Si mi cónyuge quiere que el muro caiga, no sé lo que veré al otro lado de ese muro". Esta mentalidad obliga al cónyuge a convivir con conceptos y puntos de vista basados en la inseguridad o simplemente en el orgullo. El ayuno te desafiará a ser más comprensivo con tu cónyuge. Te hará ser un mejor oyente. Te abrirá los ojos al hecho de que el concepto que tú crees que es una obligación podría ser simplemente un muro que era una obligación para tus padres.

Es un hecho que todos deberíamos tratar de acercar a nuestras familias a Dios. En este sentido, hay algunas cosas que no puedes comprometer, sin importar quién sea tu cónyuge. Algunas cosas no son paredes; son fundamentos espirituales que te hicieron el hombre o la mujer que has llegado a ser. Pero si tus cimientos están agrietados, el ayuno te abrirá los ojos a lo que necesita ser fortificado y fortalecido en tu vida y lo que simplemente necesita ser derribado. ¡Es tiempo de demolición!

CONVIÉRTETE EN EL AYUNANTE

Hemos establecido que la preparación mental antes del ayuno es necesaria para el ayuno dure. Es decir, es necesario comer, dormir, pensar y hacer el ayuno. Habla con tu pastor sobre el ayuno que piensas intentar. Piénsalo tanto que sea la primera cosa, además de Jesús, en la que pienses por la mañana y la última cosa, además de Jesús, que se te pase por la mente antes de ir a la cama. Cuando me preparo para un ayuno prolongado, intento inundar mi mente con pensamientos sobre el ayuno. Leo todo lo que puedo sobre el ayuno. Oro sobre ello. Pienso en ello por la mañana. Me sumerjo en ello para no desanimarme fácilmente una vez que haya comenzado mi ayuno. ¿Por qué? Porque una vez que el desánimo se establece en una persona que está ayunando, el ayuno terminará rápidamente. Por eso la preparación mental es tan importante.

Cuanto más tiempo y más duro entrenes mentalmente para un ayuno, más fuerte serás mentalmente para esa guerra.

FORTALEZA MENTAL

Hay algo en las personas que son fuertes mentalmente que les da ventaja sobre sus enemigos. La gente puede sufrir un dolor físico insoportable hasta el punto de temer por su vida, pero como son tan fuertes mentalmente aguantan y se niegan a darse por vencido.

Han aprendido que la fuerza mental triunfa sobre el sufrimiento físico.

El apóstol Pablo, al describir al rey Agripa varias aflicciones que había soportado personalmente por causa de Jesús, dijo: "Me considero feliz" (Hechos 26:2). En otras palabras, lo que quiso decir es: "No importa lo que tenga que sufrir. En mi mente ya he pisoteado al infierno en el suelo. La batalla ha terminado. No importa lo que pase, tengo una fortaleza mental que me hace feliz pase lo que pase". Si puedes encontrar ese lugar, ganarás la guerra siempre.

La fortaleza mental es vital para ayunar, porque van a llegar los pensamientos que susurran: "Ríndete" o "Esto no vale la pena porque nada va a cambiar después de este sacrificio". Anota estas palabras: Cuando pensamientos como estos te invadan, más vale que haya poder en tu mente que los reprima y diga "Seguiré adelante", o el ayuno se acabará y te preguntarás qué podría y debería haber pasado.

TOMA UNA DECISIÓN

Los verdaderos soldados nunca abandonan la batalla; antes prefieren morir. Hay momentos en los que cada fibra de tu ser grita: "¡Detente! ¡No puedes seguir!". Claro, pero la razón por la que no renuncias es que has aprendido el valor de la fortaleza mental. Lo que estás sufriendo y soportando físicamente no se compara con lo convencido mentalmente que estas. Tomaste una decisión. Una mente decidida en un soldado de la cruz que está ayunando es una pesadilla para los demonios del infierno.

Llevaba varios días de ayuno cuando todos querían comer en The Cheesecake Factory, y tuve que ir con ellos. ¿La comida lucía deliciosa? Sí. ¿Tenía hambre? Absolutamente. ¿Pensó mi carne en interrumpir el ayuno para darse un capricho con un cheesecake de Oreo? Tan pronto como llegué. ¿Estuve a punto de romper el ayuno? De ninguna manera. Había llegado demasiado lejos como para sabotear un futuro de unción fresca por disfrutar del sabor de un cheesecake en mi boca. Debes soportar algunas cosas antes de poder disfrutar de otras. Cuando tu mente está enfocada, tienes una ventaja y lo sabes. Me atrevería a decir que si entras en un ayuno prolongado sin esa ventaja mental en tu espíritu, no durarás más de un par de días.

Antes de embarcarme en un ayuno prolongado, paso más tiempo preparándome mentalmente que cualquier otra cosa. He aprendido a lo largo de los años que las mayores batallas durante un ayuno no son siempre encuentros con demonios (sigue leyendo y verás lo que quiero decir), sino que muchas veces la batalla más dura durante el ayuno será el deseo de comer comida italiana o cualquier tipo de comida que sea tu favorita. En otras palabras, la carne puede realmente dar batalla. Lo que te preocupa mentalmente se convertirá en lo que desees, hables e incluso persigas una vez concluido el ayuno.

PROGRAMANDO TÚ AYUNO

Cuando te prepares para iniciar un ayuno prolongado, es conveniente que consultes tu calendario. Obviamente, si el Señor te dice que empieces el ayuno inmediatamente, obedece Su voz y haz que tu calendario se adapte a Él. Pero si Dios no te ha dicho que empieces a ayunar en una fecha determinada, te recomiendo que consultes tu calendario y trates de ayunar cuando haya un poco de tiempo libre. Puedes pensar que no tienes absolutamente ningún tiempo de inactividad por lo que esto no importa, pero mira de nuevo por si acaso.

Por lo menos, puedes iniciar el ayuno en un día en el que sepas que tu mente estará enfocada y comprometida con lo que sientes que debes hacer. Una vez más, cuanto más concentrado estés, más aguantarás. Date una ventaja y comienza cuando sepas que probablemente no te distraerás. Yo suelo iniciar mis ayunos un domingo por la noche alrededor de la medianoche y luego entrar en la semana en el ayuno. La razón de esto es que los lunes son normalmente mis días de viaje o días de recuperación después de predicar los domingos, así que es usualmente cuando tengo más tiempo para pensar. Prefiero empezar los ayunos prolongados a medianoche, pero admito que a veces soy un poco obsesivo compulsivo.

Otra razón por la que es importante programar el ayuno es que cuando planificas algo y lo pones en el calendario, es más probable que lo cumplas a que empieces en cualquier otro momento. Si está en tu agenda o en tu iPhone, probablemente pensarás en ello más a menudo a medida que se acerque el día que empezar cuando de pronto se te ocurra.

Si tienes una semana llena de viajes, citas, reuniones, plazos, estrés, compromisos de discursos, trabajo físico, o cualquier otra cosa, y luego la semana siguiente tienes un par de días libres, podrías usar algo de tu sabiduría y considerar comenzar el ayuno en esos días.

Te advierto que a veces surgen cosas no programadas inesperadamente cuando estás en un ayuno prolongado, y tendrás que ajustarte a ello. Por ejemplo, en 2013 hice un ayuno de cuarenta días y había planificado mi agenda en torno a ese ayuno. Soy un evangelista ordenado, así que viajar y predicar cada semana es lo que hago. Pensé que tenía los cuarenta días perfectos alineados porque todo lo que estaba en mi calendario era predicar los domingos en lugares cercanos a donde vivíamos en Florida. No tenía idea de que se desatarían salvajes fuegos de avivamiento y que terminaría predicando veinte veces en los cuarenta días, y además viajando cientos de millas cada semana. Todo lo que puedo hacer es agradecer al Señor por su fuerza y sabiduría sobrenaturales.

Me alegro de que Jesús siempre sepa cuándo estaré ocupado y planifique mientras me provee fuerzas adicionales para el viaje. Sus pensamientos siempre han sido más elevados que los míos.

EL AYUNO TE HARÁ DESCANSAR

A veces he planeado ayunos prolongados mientras miraba el calendario y estaba agradecido de haberlo hecho porque he aprendido a apreciar el descanso que viene cuando ayuno. Si nunca descansas, ayuna un poco. (Las agujas del reloj, que normalmente corren como conejos a lo largo de cada día, bajaran su velocidad a paso de tortuga durante el ayuno. Siete días parecerán treinta. Esto se debe al hecho de que normalmente pasamos entre dos y cuatro horas al día preparando e ingiriendo alimentos. El reloj ahora dice: "Hola. No tienes nada que hacer ahora mismo, ya que no estás comiendo. Te sugiero que te entretengas para no volverte loco". Debes encontrar cosas que hacer para llenar ese tiempo en el que normalmente estarías cocinando y comiendo. Obviamente, la actividad más ventajosa durante estos momentos es alimentarse espiritualmente a través de la palabra de Dios y la oración. La meditación de su palabra también es excelente, así como leer un libro espiritual o escuchar una predicación. Estar a solas con Dios es crucial durante el ayuno.

Sin embargo, habrá momentos en los que no tendrás ganas de orar o de leer diecinueve capítulos del libro de Ezequiel. Estos momentos de agonía (porque eso es lo que son) deben ser aprovechados para descansar. Te recomiendo encarecidamente que duermas todo lo que puedas durante estos momentos. No estás pecando cuando descansas; de hecho, te estás preparando espiritualmente para la siguiente ola de guerra o visitación que viene a tú débil y agotada mente, alma y cuerpo. Algunas personas se sienten culpables, como si estuvieran desobedeciendo a Dios si en algún momento descansan. Estas son las personas que frecuentemente experimentan el agotamiento.

LA POSICIÓN DEL DESCANSO ESPIRITUAL

El descanso espiritual es tan santo como tu tiempo de oración. Algunos de los que leen esta frase no están de acuerdo conmigo, porque creen que el descanso es carnal. Pero por favor vea que dije "descanso espiritual". Hay una diferencia entre el descanso espiritual y la relajación carnal.

La relajación carnal normalmente implica un entretenimiento que te ayuda a relajarse, mientras que el descanso espiritual implica morar en el Señor mientras recuperas la virtud. La relajación carnal puede quitarte temporalmente el estrés, pero puede hacer que te pierdas tu encuentro matutino con Dios por haberte quedado despierto hasta muy tarde la noche anterior. El descanso espiritual hará que las preocupaciones huyan, y cuando te levantes, te levantarás hambriento y entusiasmado por encontrarte con el Maestro al inicio del día.

No hace falta decir que cuanto más descanso espiritual puedas alcanzar mientras ayunas, mejor te irá el ayuno. He tenido increíbles revelaciones, respuestas, sabiduría y dirección que vinieron a mí mientras participaba en el descanso espiritual. El descanso espiritual prepara tu mente para escuchar a Dios.

Si estás en la necesidad un milagro, una palabra, una respuesta o una dirección, te desafío fuertemente a posicionar tu mente hacia las cosas de Dios. Su voz es mucho más clara para el oído espiritual que para el carnal. Descansar en su Espíritu hará que seas más sensible a su voz y que tengas más discernimiento a la hora de escuchar otras voces que no sean la suya. Esto podría llevarte más lejos en el camino de la comprensión del mundo espiritual. Permíteme resumirlo brevemente: Si quieres ser más sensible al Espíritu de Dios y al mundo de los espíritus en general, entonces necesitas orar todos los días para tener discernimiento y percepción, porque hay muchas voces allá afuera. Recuerda que Satanás puede disfrazarse de ángel de luz.

El discernimiento espiritual es vital. Tienes que ser capaz de reconocer la voz de Dios, la voz de tu propio espíritu y la voz del infierno. Cuando te enfrentas a una decisión importante en tu vida, estas tres voces hablarán, en ocasiones todas al mismo tiempo. Si estás descansado espiritualmente, serás capaz de discernir la diferencia de cada voz. Si no estás descansado espiritualmente, sino que te has dedicado a la relajación carnal en cada oportunidad, podrías dejar de oír la voz correcta.

¿PUEDE EL ESPÍRITU DESCANSAR EN TI?

La palabra "descanso" aparece 265 veces en la Biblia. La primera aparición es cuando Noé dejó salir a la paloma del arca (una paloma es una representación del Espíritu Santo, como cuando el Espíritu de Dios descendió como una paloma sobre Jesucristo). La paloma de Noé no encontró lugar para descansar (Génesis 8:9). Esto era un tipo y una sombra del Espíritu buscando un lugar para descansar y no logrando encontrar uno. Ningún ser humano fuera del arca sobrevivió al diluvio; por lo tanto, no había hombres en los que la paloma pudiera posarse. El escritor de Hebreos ofrece un ejemplo de lo vital que debe ser el descanso espiritual para el creyente.

Por consiguiente, queda todavía un reposo especial para el pueblo de Dios; porque el que entra en el reposo de Dios descansa también de sus obras, así como Dios descansó de las suyas.

Esforcémonos, pues, por entrar en ese reposo, para que nadie caiga al seguir aquel ejemplo de desobediencia. (Heb. 4:9-11)

Este pasaje está cargado de revelación. La palabra "reposo" en la primera frase de este texto es la palabra griega sabatismos, que significa guardar el sábado. Sabatismos aludía al descanso físico que los antiguos hebreos viajeros recibieron cuando entraron en la Tierra Prometida bajo Josué. Sin embargo, Josué y las doce tribus no recibieron el descanso eterno prometido a los hijos de Dios.

La palabra griega para "descanso" en la segunda frase del texto es katapausis, que significa "hacer cesar; acto de descansar, dejar de trabajar, o el lugar de reposo, morada, domicilio" (The Complete Word Study Dictionary New Testament, por su traducción El Diccionario Completo de Estudio: Nuevo Testamento). En el Salmo 132:4-16, se representa a Dios buscando una morada en la tierra, y elige Sión, diciendo: "Este será para siempre mi lugar de reposo; aquí pondré mi trono porque así lo he deseado" (Sal. 132:14). La palabra hebrea para "reposo" del Salmo 132:14 es manuchah, que significa una morada, un lugar de comodidad, facilidad, tranquilidad y descanso. Dios ha prometido un descanso eterno en su morada celestial para los creyentes en Cristo después de que sus labores y pruebas de la vida en la tierra hayan terminado. Ellos cesarán de sus obras como Dios cesó de las suyas. Esto se refiere al séptimo día de la creación (Génesis 1) cuando el Espíritu de Dios descansó.

En resumen, nosotros, como pueblo de Dios, tenemos un período de descanso conocido como el Sabbat (Heb. 4:9). Podemos pasar este tiempo carnalmente o espiritualmente. Si lo pasamos carnalmente, sigue siendo un sabatismo, o el día de reposo tradicional. Pero si entramos en ese descanso espiritual que se menciona en el versículo 10, nuestro período de descanso se convierte en un katapausis, en el que entramos en ese lugar de quietud, consuelo, calma y descanso en el que habita Dios. Nosotros decidimos en qué se convierte nuestro tiempo de descanso. Puede ser una rutina de relajación, o puede ser un lugar donde Dios calma las tormentas, un lugar de promesa de que una vez que estas pruebas lleguen a su fin, sentiremos su bendita presencia.

El versículo 11 añade que necesitamos esforzarnos para entrar en ese descanso. La palabra griega para esforzar es spoudazo, que significa apresurarse o esmerarse. En otras palabras, haz lo que tengas que hacer para entrar en esa dimensión donde el Maestro calma las tormentas. ¿Hay algo que requiera más esfuerzo que el ayuno? El ayuno libera el descanso espiritual en tu vida.

FACTORES FINANCIEROS

Otra cosa en la que debes pensar cuando te preparas para un ayuno es tu situación financiera. Si eres como yo, tienes un presupuesto. Hacer un presupuesto puede parecer tedioso para algunos, pero incluso las personas más ricas del mundo te dirán que basarse en un presupuesto semanal es algo bueno. Si estás planeando hacer jugos mientras ayunas, puede que te des cuenta de que los jugos son bastante caros. Tu exprimidor consume todas esas verduras y frutas con bastante rapidez, lo que requiere otro viaje al departamento de frutas y verduras.

Si solamente vas a beber agua en un ayuno prolongado, puedes aprovechar el dinero que estarías gastando en comida durante ese tiempo y usarlo en otra área de necesidad en tu vida, o podrías ayudar a otra persona con sus necesidades. Isaías 58 menciona dar nuestro pan a los hambrientos y traer a los pobres a nuestras casas cuando estamos ayunando.

El ayuno puede despejar la mente y hacer que pongas tus finanzas en orden si no lo están en este momento. Hay algo en el ayuno que motiva a un individuo a limpiar cualquier desorden en su vida. Cuando ayunan, quieren que todo esté limpio a su alrededor en su casa; cuanto más ayunen, más les molestarán las impurezas. El ayuno trae orden, claridad y organización a tu mundo.

FACTOR FAMILIAR

La razón por la que quiero hablar del factor familiar es porque su ayuno también afectará a los miembros de tu familia, especialmente si el ayuno va a ser prolongado. A menos que estés planeando aislarte completamente de ellos, los otros miembros de la familia van a tener que vivir contigo cuando estés débil, malhumorado, cansado, entusiasmado, fuera de sí, mareado o agotado. No sentirán el dolor de cabeza infernal que asalta su cerebro en el tercer día durante el proceso de acidosis (el resultado de no haber hecho la desintoxicación antes de empezar el ayuno), pero definitivamente podrán decir que no te sientes bien.

Si estás casado, cuanto más puedas discutir el ayuno con tu cónyuge por anticipado, mejor. Soy un gran creyente en estar en la misma página con su cónyuge en estas cosas. Puede que tu cónyuge no ayune contigo, pero tiene que vivir contigo y ya sabe cómo te pones cuando tienes hambre. Pídele que ore por ti y trata de entender que este es un tiempo de consagración temporal al Señor; por lo tanto, puede que no seas tú mismo cada momento del día.

Si no estás casado pero vives en casa con tu familia, intenta actuar como un cristiano. Si crees que no necesitan saber que estás ayunando, entonces tienes la responsabilidad de ser más amable. Si no lo eres, ellos sabrán que algo está pasando. Jesús dijo que te lavaras la cara y actuaras como si todo estuviera normal.

En ocasiones, los familiares pueden influir en el resultado de un ayuno si la persona que ayuna está estrechamente relacionada con ellos. Esto puede ser positivo o negativo, dependiendo del espíritu del familiar. Si apoyan plenamente el ayuno, es más probable que lo animen durante el mismo a que lo consideren una pérdida de tiempo.

Tengo la suerte de tener una esposa que entiende el ayuno. La razón principal por la que lo entiende es porque ella misma ha ayunado. Sabe lo difícil que es pasar nueve días sin comer porque lo ha hecho. Las personas que han ayunado son más propensas a entender que las que no lo han hecho. Con esto no pretendo ofender a ninguna persona que no haya ayunado, porque hay mucha gente maravillosa y comprensiva que nunca lo ha hecho. Aún así, también sé que cuando uno ha hecho un viaje de Dios sin comida, inmediatamente apoyas a alguien cuando empieza el mismo camino.

El lado negativo de que los miembros de la familia influyan en el resultado de un ayuno es que puede que no se den cuenta de la importancia inmediata del ayuno y, por lo tanto, intenten desanimarte a continuar cuando te sientas débil o hambriento. Creo que es vital que escuches las voces adecuadas que hablen a tu espíritu cuando estés ayunando. Si sabes que un miembro de tu familia es carnal y no entenderá la importancia del ayuno, entonces te recomiendo que no toques el tema con él o ella. Mantén las voces desalentadoras lo más lejos posible.

Una de las razones por las que las palabras de un familiar pueden ser cruciales es que si el ayunante está teniendo un día difícil, ese miembro de la familia, si se lo permite, puede animar al ayunante a seguir adelante o desanimarlo hasta el punto de que termine el ayuno. Habrá días en los que su fuerza de voluntad no será tan fuerte como otros días. Planifica con antelación que eso ocurra. Reconoce cuándo está más débil y trata de mantenerte positivo alejándote de lo negativo. No permitas que entren dudas en tu espíritu.

Este ayuno va a funcionar, ¡y al final vas a ver que tu esfuerzo no fue en vano! No volverás a ser el mismo, y no querrás volver a ser el mismo. Algo comenzará a arder en ti que el infierno teme más que nada. Has sido preparado, ahora ve tras ello.

CAPÍTULO 5
Más allá de la motivación

El Dr. James Gills, cirujano ocular y autor reconocido a nivel mundial, ha logrado algunas hazañas que muchos reconocerían como asombrosas. No me refiero a su profesión ni a sus libros, sino a sus logros deportivos. El Dr. Gills ha demostrado a todos los aspirantes a atletas durante los últimos ochenta y un años que pueden cumplir su sueño. Ha completado cuarenta y seis maratones, dieciocho maratones de Boston, catorce carreras de montaña de cien millas y seis triatlones dobles. Completó el último triatlón doble cuando tenía cincuenta años.

Un triatlón es una combinación de natación, ciclismo y carrera. En un triatlón, el competidor debe primero nadar 2,4 millas, luego andar en bicicleta 112 millas y después terminar la carrera corriendo un maratón, que son 26,2 millas. Obviamente, un triatlón doble es el doble de distancia de todo lo que acabamos de mencionar. Para todos los genios no matemáticos, son 4,8 millas de natación, 224 millas de bicicleta y 52,6 millas de carrera. Ah, ¿y he mencionado que todo esto debe ser completado en menos de treinta y seis horas para calificar?

Cuando se le preguntó cuál era el secreto para completar un triatlón doble, la respuesta del Dr. Gills fue simple pero profunda: "Hablo conmigo mismo". Añadió que cuando la gente sólo escucha, no puede controlar lo que oye, pero cuando habla consigo misma, puede controlar lo que se esta diciendo. Semanas antes de la carrera, habla consigo mismo sobre la carrera, de modo que cuando llega el día ya es un hecho en su mente. Esto, en pocas palabras, es lo que hay que hacer antes de ir a un ayuno.

¿Qué deberías decirte a ti mismo cuando estés a punto de comenzar un ayuno? Un buen punto de partida sería "Todo lo puedo en Cristo que me fortalece". Dilo para ti mismo diariamente, que esto va a cambiar tu vida, la de tu familia y la de cualquier otra persona por la que estés ayunando. Recuérdate a ti mismo audiblemente y diariamente que esto no va a ser en vano y que este ayuno te está posicionando para cosas más grandes en Dios. Di para ti mismo que no vas a renunciar; que vas a soportar todo lo que tengas que soportar. Toma el asunto en serio. Como David, ¡anímate!

Hay algo especial en hablar para salir de la duda y el desánimo. El infierno odia eso. Si los demonios de Satanás te han acorralado con amenazas y preocupaciones, míralos a los ojos y diles: "¡Saldré de esto ahora!". Habla cuando el enemigo quiera que te calles. Goliat amenazó a David con la muerte y otros insultos, queriendo que se callara y se quedara temblando, pero el chico no se dejó intimidar. Le dio a Goliat una represión a cambio. Gritó: "Hoy mismo el Señor te entregará en mis manos; y yo te mataré y te cortaré la cabeza. Hoy mismo echaré los cadáveres del ejército filisteo a las aves del cielo y a las fieras del campo, y todo el mundo sabrá que hay un Dios en Israel". (1 Sam. 17:46, NVI). David sabía que no puedes quedarte callado y esperar que Dios salga adelante. Cuando tu enemigo grite, ¡grítale tú también!

Algunos milagros sólo se producen cuando van precedidos de una declaración verbal de que van a ocurrir. La mujer con flujo de sangre se decía a sí misma mientras se dirigía a Jesús: " Si al menos logro tocar su manto, quedaré sana" (Mateo 9:21). El texto original indica que se lo repetía a sí misma una y otra vez. En otras palabras, debes hablarte a ti mismo durante toda la batalla; es esencial que sigas hablando del milagro que va a seguir al sacrificio que tu cuerpo está soportando.

LA MOTIVACIÓN DEBE VENIR DE DENTRO

Por favor, no intentes hacer un ayuno sin la motivación adecuada. Sin ella, abortarás la misión de ayunar y acabarás desanimado. La motivación es esencial para que puedas durar. Me refiero a la motivación interna, no a la externa. Si alguien no camina a tu lado inspirándote con cada paso, vas a abandonar y dirigirte a Sonic para comer una hamburguesa. No puedes contar con la motivación externa para hacer el trabajo, pero puedes contar con la motivación interna.

La motivación te hace salir de la cama por la mañana y te impulsa a prepararte para el trabajo. La motivación es un fuego que debes encender a diario en ti mismo para mantenerte centrado y dispuesto a seguir adelante. La motivación te mantiene positivo cuando las cosas que te rodean parecen sombrías.

Esto es cierto incluso cuando estoy escribiendo este libro. Algunos días me siento motivado para escribir; otros días prefiero trabajar en otras cosas de mi vida personal. Cuando estoy motivado para escribir, puedo sentarme durante horas y desatar el mensaje que arde en mi interior. Cuando no estoy motivado para escribir, no quiero ni abrir la laptop.

Muchas personas vienen a la iglesia cada semana para obtener una palabra de motivación que les impida recaer el lunes. Tienen que ser motivados para seguir viviendo para el que murió en una cruz por ellos. Si el predicador saca de jonrón, esa persona puede no estar allí el miércoles por la noche o incluso el domingo siguiente porque salió de la iglesia sin inspiración y sin motivación. Aun así, el problema no era el mensaje del predicador; era la falta de motivación espiritual interna del creyente. Me gusta decir: "La gente que siempre está en la palabra, no siempre necesita una palabra". Por lo tanto, lo contrario debe ser cierto: "Si siempre necesitas una palabra, es una señal de que no estás pasando suficiente tiempo en la palabra". La Biblia te inspirará a seguir viviendo bien si le dejas más de treinta segundos de tu semana cuando el ministro está leyendo su texto.

¡AYUNA MOTIVADO!

"¡Vamos, hazlo!" Se lo dije esta noche a un amigo que estaba entrando en un ayuno de veintiún días. "Ve y hazlo " es lo que algunos de ustedes necesitan hacer. Ya han pensado bastante en ello. Es hora de apuntar a la luna. Ora mucho, sueña en grande y ayuna mucho tiempo. Así es como se mantiene la motivación. Al entrar en un ayuno, es esencial que llenes tu mente con aportaciones positivas. Habla con Dios al respecto y luego habla contigo mismo como lo hace el Dr. Gills. Hay una gran diferencia cuando la motivación que retumba en tu interior es más fuerte que los gruñidos de angustia que salen de tu estómago. La comida estará ahí cuando termines, ¡pero ahora es el momento de hacerlo!

El factor de motivación te acompañará en un ayuno mientras lo sigas alimentando. Aliméntalo tantas veces como sea posible cada día. Recuérdate a ti mismo que las recompensas superan abundantemente el sufrimiento. El cambio que se está produciendo en tu vida no será temporal; será la plataforma de lanzamiento hacia tu destino. La motivación debe ser reconocida por ti. Haz que exista. Mantenla viva.

Varios amigos me han preguntado sobre los secretos del ayuno y lo que deben hacer para superar su límite actual. Cada uno de los que ha seguido el consejo sobre el factor de motivación han visto resultados increíbles, además de superar el número de días de ayuno que se habían fijado anteriormente. Un joven que había ayunado un solo día acaba de terminar seis días sólo con agua. Un pastor que había ayunado cinco días acaba de completar un ayuno de veintiún días con facilidad. Otro pastor con el que compartí el factor de motivación, su cuerpo estaba bastante enfermo. Tenía sesenta y ocho años y llevaba mucho tiempo luchando contra problemas de salud. Completó un ayuno de veintiún días sólo con agua. Hoy, seis años después, goza de buena salud y se encuentra maravillosamente bien.

LA MOTIVACIÓN PUEDE CRECER O REDUCIRSE

Las personas que deciden hacer un ayuno prolongado suelen tener una motivación particular o una razón específica para el ayuno. Puede que necesiten una respuesta, un avance, una dirección, una sanación o cualquier otra cosa. El impacto inicial de la motivación, una vez que llega a la mente del individuo, puede crecer o reducirse a partir de ese momento. He experimentado tanto el crecimiento como la reducción, y puedo decir que cuanto más hablaba con Jesús (o conmigo mismo o con mi esposa) sobre el ayuno, mayor era la motivación. Cuanto menos oraba o hablaba conmigo mismo o con mi esposa sobre el tema, más diminuto se volvía la motivación. Escuchar es bueno si Dios está hablando, pero si se calla, ten cuidado con las otras voces que hablarán de desánimo y duda en tu espíritu. Esas otras voces son asesinas de la motivación; pueden destruir un destino que estaba a punto de desbloquearse por el simple hecho de haberlo escuchado.

CUANDO LA MOTIVACIÓN EMPIEZA A MORIR

Si el ayuno se prolonga lo suficiente, habrá un día en el que te despertarás y, por mucho que intentes inspirarte, el entusiasmo no estará ahí. Este es el comienzo de la muerte de la fase de motivación. Como ya he mencionado, la motivación es a veces inconstante. Algunos días está ahí; otros días no. Tienes dos opciones cuando entras en esta fase del ayuno. Uno, puedes terminar el ayuno, como hace mucha gente, o dos, puedes entrar en una nueva fase que yo llamo "determinación".

La determinación es una cosa poderosa que hay que poseer durante un ayuno. Puedo decirte de primera mano que si aprovechas la determinación, un ayuno de diez días puede durar veintiún días, y un ayuno de treinta días puede durar cuarenta. La determinación es la fuerza para soportar cualquier cosa que la oposición te lance. La determinación te obliga a seguir adelante. Cuanto más fuerte sea tu determinación, más tiempo podrás aguantar.

La determinación tiene que ver con el enfoque mental. Lo que piensas, hablas, lees y escuchas dictaminara la cantidad de determinación que fluye a través de ti. La determinación se pone en marcha en cuanto la oposición empieza a hablar. Una palabra de advertencia: una vez que una persona comienza a sufrir físicamente durante un ayuno, la motivación comienza a disminuir y a veces la persona necesita parar por razones de salud. Permíteme ser aún más claro: si estás orinando sangre, detén el ayuno, pero si te duele la cabeza, sigue adelante. Puede que te encuentres entrando en una nueva dimensión espiritual.

La fase de determinación entra en acción cuando algo dice: "¡Detente! No lo lograrás/no puedes hacerlo por más tiempo". Este es el momento en que encuentras ese impulso interno que dice: "Me niego a detenerme aquí porque me esperan mayores revelaciones, oraciones respondidas, encuentros y avances. Debo seguir adelante; debo llegar al final". La determinación te llevará cuando sientas que no puedes dar un paso más. La determinación enfrentará al miedo o al dolor a los ojos y lo mirará fijamente hasta que agache la cabeza en señal de derrota. Al crecer, solíamos cantar la canción evangélica "Estoy decidido a resistir hasta el final". Esta canción de adoración optimista convertía a los cansados soldados cristianos del miércoles por la noche en soldados cristianos en guerra de camino al trabajo a la mañana siguiente.

Recuerdo que en el día dieciocho de un ayuno de jugos de una duración de veintiún días, mis riñones se sentían como si estuvieran siendo apretados por una mordaza gigante. Todo en mí me decía que dejara el ayuno, todo menos la determinación y el enfoque en una necesidad que tenía y que aún no había sido respondida por el Señor. Cuando la mordaza se apretaba, bebía más agua o jugo de arándanos. No había manera de que me detuviera hasta que Dios satisficiera mi necesidad. Dios me dio una fuerza sobrenatural esos últimos tres días, y luego respondió a mi oración de una manera innegable.

Nuestra determinación tiene que ser más fuerte que la determinación de la oposición. Sé que todo el mundo no está de acuerdo con la siguiente afirmación, pero yo prefiero morir que comer cuando estoy cerca de algo en el Espíritu después de unos días de ayuno. Si creo que tengo la atención de Dios y puedo sentir un avance inminente, alguien tendría que sacarme de la arena, porque, para mí, la lucha es a muerte. Necesitamos soldados que, una vez terminada la batalla, sigan de pie sobre su decapitado enemigo que yace en el suelo.

PERMANECE DECIDIDO

A menudo me preguntan: "¿Cómo mantienes la determinación una vez que el ayuno ha llegado a esa etapa agotadora y miserable?". La respuesta es muy sencilla: mantente centrado en aquello por lo que estás ayunando. La duración de tu determinación es proporcional a lo enfocado que permanezcas en las necesidades de los demás y de ti mismo mientras ayunas, así como a los recordatorios de que con cada comida que rechazas estás un paso más cerca de la respuesta. Me digo a mí mismo cosas como "Esta persona todavía necesita ser sanada" o "Esta situación todavía no ha cambiado" o "Todavía no he recibido dirección del Señor sobre esta decisión". Estas cosas me mantienen enfocado y decidido a no comer. También tengo en cuenta que si como, la comida satisfará mi apetito sólo por una o dos horas antes de que mi estómago comience a gruñir por más. ¿Por qué renunciar a algo tan eternamente impactante por un plato de sopa cuando Dios no te ha liberado de tu ayuno? Si Esaú viviera hoy, creo que te aconsejaría que siguieras buscando tu respuesta porque la comida no es ni de lejos tan buena como el milagro que necesitas.

Nada reforzará tanto tu determinación como tener la revelación de que estás más cerca del Señor de lo que nunca has estado y que si continúas el ayuno, te acercarás aún más. Cuando abres tu Biblia durante un ayuno, las palabras saltan de las páginas y detienen tu pensamiento para hacerte saber que la palabra está viva, que está dirigida a ti, y que tu vida está bajo el ojo que todo lo ve del Señor. Recibirás revelaciones del Señor -y sobre el Señor- que no verías en ningún otro momento.

Otro canal a través del cual la determinación fluirá hacia tu espíritu es la comprensión de que el mundo espiritual te está prestando mucha atención. Los encuentros que he tenido durante el ayuno son alucinantes. Compartiré algunos más adelante en este libro, pero por ahora, diré que tu sensibilidad hacia el "otro mundo" aumenta a un nuevo nivel. Para ser aún más claro, cuando hago un ayuno prolongado, espero algún tipo de encuentro durante o después del ayuno, ya sea con el Señor, sus ángeles o un espíritu del infierno. No ocurre siempre, pero siempre espero que algo se manifieste. Cuando Jesús terminó su ayuno de cuarenta días, se enfrentó a Satanás de frente y luego fue atendido por ángeles.

ENTRA EN LA AUTODISCIPLINA

En este capítulo hemos hablado de la motivación y la determinación. Ahora vamos a dirigir nuestra atención en un tercer elemento esencial para durar en cualquier ayuno. Debes establecer en tu espíritu que quieres permanecer en este territorio después de completar el ayuno. Este territorio sagrado se llama autodisciplina. Es un lugar que debe ser visitado durante el ayuno y habitado después de este.

La autodisciplina te dará fuerzas cuando la motivación empiece a debilitarse y la determinación mengüe. Habrá un día (o dos o tres) en el que tendrás que levantarte, por muy miserable que te sientas, y recordarte a ti mismo: "Tomé esta decisión cuando estaba en mi sano juicio. Aguantaré hasta el final de este ayuno manteniendo mi rutina espiritual y ejerciendo la autodisciplina". La autodisciplina da prioridad a tu vida.

David Campbell dijo una vez: "La disciplina es recordar lo que quieres". No podría estar más de acuerdo. Ya sea comiendo ensalada cuando tienes antojo de comida chatarra; poniendo los diez dólares extra para pagar una factura en lugar de derrochar ese dinero en un café; despertando para orar cuando preferirías darte la vuelta y seguir soñando; trabajando en un libro (nota personal para mí) en lugar de relajarte después de que los niños se hayan dormido; o ayunando cuando quieres comer como un cerdo, la autodisciplina te mantendrá centrado en el objetivo final. Cuando veas a tus gigantescos adversarios a través de la lente de la autodisciplina, te parecerán saltamontes.

Mientras reflexionaba sobre el valor de la autodisciplina, mis pensamientos se desviaron hasta que pensé en mi padre en Alaska. Para mí, él es la personificación de la autodisciplina. Lee toda la Biblia cada treinta días y lo ha hecho durante más de treinta años. Siete días a la semana, 365 días al año, lo encontrarás leyendo la Biblia. No conozco a ningún otro ser humano en el planeta que lea su Biblia doce veces al año, todos los años. Además, desde hace varios años, no come durante doce horas cada día, siete días a la semana, 365 días al año. Esto sin incluir sus ayunos prolongados de treinta y cuarenta días.

Hace poco le pregunté sobre el factor disciplina en su vida y cómo lo mantiene año tras año. Me dijo que hace años se comprometió con el Señor a leer la Biblia cada treinta días y a no comer durante doce horas cada día, y que se mantiene centrado en ese compromiso cada día. No estoy sugiriendo esto a nadie que lea este libro; es su llamado personal y su compromiso con Dios. Sin embargo, diré que todos necesitamos algo en lo que detenernos diariamente para mantenernos enfocados en nuestro destino.

El compromiso disciplinado es la distancia entre los sueños y el destino. Si intentamos alguna gran hazaña sólo con deseo y dejamos la disciplina fuera de la ecuación, muy probablemente fracasaremos. Zig Ziglar dijo una vez: "Fue el carácter lo que nos sacó de la cama, el compromiso lo que nos movió a la acción, y la disciplina lo que nos permitió seguir". La disciplina es el "factor de cierre". Todos los equipos de béisbol tienen un cerrador, un lanzador que se especializa en sacar los últimos outs en un partido cerrado cuando su equipo va en la delantera.

Seguro que has oído la cita: "La disciplina es hacer lo que hay que hacer, aunque no quieras". ¡Es tan cierto! Como fue mencionado anteriormente, en los días de ayuno en los que preferirías estar haciendo cualquier cosa menos ayunar, la disciplina de mantenerse enfocado no quedará sin recompensa. Es más, la recompensa será tan grande que si sigues adelante, mirarás hacia atrás en tu momento de debilidad mental y agradecerás al Señor por mantenerte en el camino de su perfecta voluntad en tu vida.

Varios amigos míos están muy sumergidos en el ayuno y todos tienen una cosa en común: practican la autodisciplina en su vida diaria. Ya sea que estén ayunando o no, sé que están haciendo ciertas cosas todos los días: están orando, están leyendo sus Biblias, y están persiguiendo a Dios con un hambre que sólo puede describirse como un deseo innegable. Aunque todos ellos han logrado cosas increíbles para el reino, nunca serían capaces de decirlo porque no están satisfechos con lo que han hecho. Están constantemente anhelando más de la presencia del Señor.

Alguien dijo una vez que la definición de locura es hacer lo mismo una y otra vez esperando un resultado diferente. Me gustaría añadir la definición de locura espiritual: es no hacer nada cada día para perseguir a Dios y su gloria, pero esperar tener más de Dios y su gloria. He aprendido que si mantengo la autodisciplina en el ayuno, puedo esperar resultados. Dios siempre ha honrado los principios más que la personalidad, la persuasión o la popularidad. Los principios divinos funcionan, y disciplinar tu cuerpo para ayunar para obtener una mayor relación con el Señor es definitivamente un principio divino. Los sueños se harán realidad si disciplinas tu vida para su resultado.

El vehículo que hace que tus sueños pasen del deseo al destino se llama disciplina.

La cita anterior me fue dada por el Señor una noche mientras escribía este libro. La disciplina es como un sistema de transporte; te lleva a ti y a todos tus sueños en un viaje a través de cada terreno y obstáculo en el camino, y luego te deja en el lugar llamado realización. Cuando te embarques en tu próximo ayuno, deja que la disciplina sea el piloto de tu mente. No te estrellarás y llegarás a tu destino sano y salvo.

EL FACTOR DE FUERZA DE DIOS

Cuando se trata de la duración del ayuno, éste es el factor decisivo. Supera la motivación, la determinación e incluso la autodisciplina. Yo lo llamo el factor de fuerza de Dios. Si Dios te da la fuerza para ayunar diez días, entonces serás capaz de hacerlo. Puede que no llegues a los diez días si tu motivación, determinación y autodisciplina se desvanecen, pero la fuerza estará ahí.

Dicho esto, una vez que Dios haya decidido que ya has ayunado lo suficiente, tu fuerza para continuar el ayuno se esfumará, lo que te dificultará seguir adelante. Puede que hayas planeado ayunar catorce días, pero Dios puede decirte en el noveno día que es hora de bajar del altar porque tu oración ha sido escuchada. ¿Cómo podrás saberlo? Te liberarás del ayuno mentalmente. En otras palabras, ya no desearás ayunar.

En el momento en que el deseo de ayunar se desvanece de ti, tu mente siente inmediatamente que hay que terminar el ayuno, y continuar ahora parece frustrante. Esto es una prueba de que la fuerza y la sabiduría sobrenaturales de nuestro Dios están vigilándonos y ayudándonos en nuestra vida diaria. He estado en varios ayunos en los que trataba de hacerlo un cierto número de días, pero para entonces sentía que la fuerza se desvanecía y sabía que había terminado. Sabía que ya no podía continuar, no importaba cuán disciplinado fuera porque ahora estaría tratando de terminar el ayuno sólo con la fuerza de voluntad humana.

EXPÓN EL ORGULLO

Esto me lleva a una cualidad muy importante que puede ser destruida o aumentada por el ayuno: el orgullo. El orgullo puede entrar en juego si Dios te ha liberado de un ayuno, pero en lugar de romper el ayuno, sigues ayunando porque quieres poder decir que has ayunado una cierta cantidad de días. El problema de "sobre ayunar" (ir más allá de lo que Dios te dice que haga) puede llegar a ser peligroso tanto espiritual como físicamente.

Todo lo que ganaste en los días que pasaste ayunando con la ayuda de la fuerza de Dios puede perderse por ir "más allá de Dios", como decir "ir dos pasos adelante, luego tres pasos atrás". Tu ayuno estaba destinado a producir una recompensa de tu Padre celestial, pero después de recibir tus papeles de baja, te quedaste en la guerra cn lugar de tomar el descanso y la relajación que él quería que tuvieras. Cuidado, soldado. Si Dios dice que has terminado, confía en él. Él te está protegiendo.

Básicamente, el ayuno basado en la humildad de perseguir a Dios y su dirección puede convertirse en una agenda orgullosa de competencia y auto-exaltación. El enemigo conoce el poder del ayuno, así que tiene sentido cuando trata de engañarte para que vayas demasiado lejos. Si él sabe que estás tan motivado que no te vas a rendir, va a tratar de atraerte más allá de tus límites y matarte por agotamiento.

Los problemas físicos pueden resultar cuando tratas de continuar un ayuno que Dios te ha dicho que dejes. El ayuno, si no se hace correctamente, puede causar estragos en tus órganos internos. No quiero decir que te enfermarás cada vez que ayunes más tiempo de lo que Dios pretendía para ese ayuno en particular, pero ha sucedido más de una vez a personas que he conocido. Tal vez Dios te estaba liberando del ayuno para evitar que tus riñones fallaran o tus intestinos se deterioraran. El escritor dijo: "En todo da gracias"; es decir, incluso cuando Dios dice basta y todo en ti quiere seguir adelante. Dale las gracias por amarte lo suficiente como para protegerte.

El hecho de que Dios te impida llegar a los cuarenta días esta vez no significa que no estés destinado a realizar un ayuno de cuarenta días en el futuro. La primera vez que intenté ayunar catorce días, sólo llegué a ocho. Dios me liberó y yo lo sabía. La siguiente vez lo hice por nueve días; la siguiente, por diez. Cada vez que intentaba un ayuno prolongado, conseguía un día más: once, doce, trece. Sin embargo, seguía golpeando la puerta. Estaba decidido a llegar a los catorce de alguna manera. El siguiente ayuno fue de cuarenta días, no de catorce. La fuerza de Dios me permitió pasar de trece a cuarenta días. El mismo Dios que me fortaleció para ayunar cuarenta días en 2013 es el mismo que me dio fuerzas para ayunar trece días antes ese mismo año.

A veces me pregunto si Dios no podría confiarme cuarenta días o incluso catorce días, y entonces, después de varios intentos inútiles, me concedió fuerzas para aguantar más de lo que jamás soñé. A veces tengo que orar para que Dios sea capaz de confiarme más, ya sea porque siento que no estoy preparado, o porque, por alguna razón, se me está impidiendo hacer algo que deseo.

Dios confiará en nosotros una vez que le demostremos que no nos aprovecharemos de su favor. Algunas personas ruegan a Dios por respuestas y luego, una vez que se aprovechan de su favor, pierden toda la desesperación por conocerlo en mayor medida. La verdad es que su búsqueda nunca fue por Él, sino por sus bendiciones. Si voy a caminar en la autoridad y el favor que viene a través del ayuno prolongado, voy a tener que caminar humildemente. Si mi pecho se va a inflar por haber logrado algo que él me dio la fuerza para culminar, prefiero que Él me toque en el hombro y me libere de algo destructivo que podría estar esperando para hacer atacar mi espíritu.

No estoy tratando de desanimar al lector para que no intente un ayuno prolongado; simplemente estoy afirmando que si te sientes liberado de un ayuno y sabes que la liberación vino del Señor, sigue adelante y come. No hay nada malo en vivir para luchar otro día. Habrá otras batallas y otros ayunos que durarán más tiempo. Toma el territorio que él te concede y agradece que te haya fortalecido tanto tiempo como lo hizo.

En resumen, entrar en un ayuno requiere motivación. Debes hablar contigo mismo y mantenerse positivo el mayor tiempo posible, porque, si la motivación muere y la determinación no aparece, estás acabado. La determinación te ayudará a mantenerte en el ayuno, junto con la autodisciplina para soportar los últimos días y horas del ayuno. Por encima de todo, la fuerza de Dios te llevará más allá de la motivación, más allá de la determinación y más allá de la autodisciplina, porque Su fuerza se perfecciona en tu debilidad. La próxima vez que planees un ayuno, ora para que Su fuerza venga a ti. Si haces todo lo que puedes y luego dependes de Su fuerza, vas a lograr algo grande para su reino.

CAPÍTULO 6
Escalando el Everest

Fue alrededor de las 10:30 de la noche del domingo 14 de julio de 2013, cuando recibí la llamada telefónica que cambiaría para siempre mi caminar con el Señor. Mi esposa, Jenee, y yo estábamos conduciendo a casa desde un servicio de avivamiento donde acabábamos de predicar en Jacksonville, Florida. En ese momento, vivíamos en Ocala, Florida, a dos horas de viaje desde Jacksonville. Por una vez, queríamos ir a casa y dormir en nuestra propia cama después de la iglesia.

Cuando sonó mi teléfono móvil, miré el identificador de llamadas y era un pastor amigo llamado John Martin de Muncie, Indiana. Yo había predicado en varios avivamientos en su iglesia, y allí fue donde conocí a mi encantadora esposa, ya que ella y su familia asistían allí. Contesté el teléfono, y conversamos por unos segundos antes de que me dijera la razón de su llamada; quería compartir conmigo el mensaje que había predicado esa mañana. Me dijo: "Josh, esto es justo lo que necesitas". Lo escuché mientras describía su mensaje sobre la escalada del Monte Everest.

El monte Everest, a 29.035 pies sobre el nivel del mar, es la elevación más alta de la tierra. John Martin describió los peligros que los escaladores encuentran en la gran montaña. ¡No es un lugar de vacaciones!

La exposición a las tormentas, el viento, el hielo, la nieve, las avalanchas, la falta de oxígeno, las caídas, la congelación o las temperaturas bajo cero se han cobrado la vida de más de trescientas personas, entre ellas sherpas de Nepal y escaladores de todo el mundo.

La mayor parte del año natural es imposible escalar las montañas debido a las condiciones meteorológicas extremas. Sólo hay un par de pequeñas ventanas al año en las que el tiempo se calma lo suficiente como para dar a los escaladores la oportunidad de llegar a la cumbre. La primera ventana suele llegar alrededor de la última semana de abril o la primera parte de mayo, y la segunda ventana suele llegar en octubre. John Martin utilizó estas ventanas de oportunidad como una analogía para ir más alto en el Espíritu. Durante los tiempos en que las ventanas están abiertas, podemos llegar a lugares y ver cosas en Dios que nunca antes habíamos experimentado.

Una vez que comentó sobre las ventanas de oportunidad para ir más alto en Dios, su voz pareció desvanecerse y oí la voz del Señor decir: "Ayunarás cuarenta días ahora o nunca. Comenzarás dentro de dos semanas a la medianoche del 29 de julio, y terminarás el 6 de septiembre a la medianoche". Entonces la voz del Señor se desvaneció y oí que mi amigo seguía hablando al otro lado de la línea.

Me quedé atónito, sorprendido, asustado y emocionado, todo al mismo tiempo. ¿Podría ser esto realmente Dios? Nunca había estado sin comer ni siquiera durante catorce días. ¿Cómo podía esperar Dios que escalara mi Everest espiritual cuando ni siquiera había terminado ayunos más cortos en mi pasado? Si iba a completar cuarenta días, tendría que ser un llamado, y Dios tendría que darme fuerzas para hacerlo. Siempre había soñado con ayunar cuarenta días algún día; pero no a los treinta años. No aquí, no ahora.

Tenía dos semanas para preparar el ayuno más largo que jamás había intentado, y no tenía ni idea de lo que me esperaba. Empecé a estudiar todos los versículos de la Biblia sobre el ayuno. Leí todos los libros que pudieron llegar a mis manos que trataban sobre el ayuno y luego escribí todo lo que podía recordar sobre el ayuno. Sabía que si iba a escalar este Everest espiritual, tenía que estar mentalizado.

Moisés subió dos veces al Monte Sinaí en ayunas, así que ¿por qué no iba a poder hacerlo yo? Estudié todo lo que había en la Biblia que requería cuarenta días de ayuno. Anoté todos los versículos que pude encontrar que implicaban cuarenta días. Releer esos versículos cada día se convirtió en un estímulo durante mi ayuno.

Después de cuarenta días, Noé abrió la ventana del arca que había hecho. (Gen. 8:6)

El verso anterior se convirtió en el primer verso que leía cada día. Algunas cosas sólo pueden verse después de la racha de los cuarenta días; cuando llega el cuadragésimo primer día, la ventana está lista para ser abierta. Dios había cerrado la puerta del arca y ellos estaban en ella para el viaje. Pero después de que las aguas del diluvio disminuyeran y el arca se posara en el monte Ararat, esperaron cuarenta días para que llegara el momento de empezar a ver hacia afuera. A veces hay que esperar las cosas, pero una vez que aguantas la espera, llega el momento de la nueva visión. Puedes ver claramente que vas a salir del arca.

Hay varios otros ejemplos sobre la importancia de los cuarenta días, como en Éxodo 24, donde Moisés estuvo en medio de la nube con Dios durante cuarenta días, y Deuteronomio 9, donde a Moisés se le entregaron las dos tablas de piedra que contenían los Diez Mandamientos después de cuarenta días y noches de ayuno. Podría entrar en detalles de cómo Hechos 1 nos dice que Jesús permaneció durante cuarenta días después de resucitar de la tumba. Podría describir el ayuno de cuarenta días de Elías que comenzó con un encuentro con un ángel y terminó con un encuentro con Dios.

Hay muchos ejemplos para escoger, pero quiero visitar la historia de cómo David soportó esperar cuarenta días antes de su famoso combate con el campeón filisteo

> *El filisteo salía mañana y tarde a desafiar a los israelitas, y así lo estuvo haciendo durante cuarenta días.* (1 Sam. 17:16)

Goliat, el enemigo del pueblo de Dios, salió dos veces al día durante cuarenta días para intimidar y aterrorizar a los israelitas y vituperar a su Dios. (Tal vez el enemigo te ha estado arengando y despreciando a tu Dios. Me pregunto qué o quién podría aparecer en el día cuarenta y uno para luchar por ti). Nadie en el ejército de Saúl se atrevió a aceptar el desafío hasta el cuadragésimo día. Goliat debería haber recogido su armadura y sus armas en el día treinta y nueve y haberse ido a casa, porque cuando Dios ha terminado, tú has terminado.

Luego de cuarenta días, la respuesta llegó en forma de un adolescente que se presentó en el campamento israelita llevando maíz seco y pan para sus hermanos soldados, y quesos para su capitán. Eliab, el hermano mayor de David, lo reprochó: ¿Para qué has descendido acá? ¿Y a quién has dejado aquellas pocas ovejas en el desierto? Yo conozco tu soberbia y la malicia de tu corazón, que para ver la batalla has venido" (1 Sam. 17:28, RVR60). David demostró a sus hermanos, al rey Saúl y a todo el ejército israelita lo que podía hacer el verdadero valor y la confianza en Dios. Salió y mató al gigante. Era el mayor enemigo al que se había enfrentado.

El monte Everest era lo único con lo que podía comparar este ayuno porque era lo más grande me había encontrado en el Espíritu. Era el Goliat que tenía que conquistar. Estudié el Everest y lo que se necesitaba para subir a la cumbre. Quería conocer todos los detalles posibles antes de empezar.

LA ZONA DE LA MUERTE

Lo primero que sobresaltó para mí de la escalada del Everest es que cerca de la cima hay una colina de dos mil pies con bordes afilados compuesta de hielo. La mayoría de los escaladores llaman esta colina "la zona de la muerte" porque muchas de las personas que han perecido en el Everest han muerto allí. El nivel de oxígeno a esa altitud no es suficiente para mantener la vida humana. Si un escalador permanece allí demasiado tiempo, puede ocurrir una tragedia debido a la pérdida de funciones vitales o a las malas decisiones tomadas bajo estrés y debilidad.

¿Cuánto tiempo es demasiado? La persona promedia sólo puede aguantar veinte minutos en la cima del Everest y luego tiene que bajar. En otras palabras, el entorno a esa altitud es tan hostil que su cuerpo no puede aclimatarse. Utiliza el oxígeno más rápido de lo que puede reponerlo. Los escaladores sólo permanecen en la cima el tiempo suficiente para tomar unas cuantas fotos, tal vez dejar un recuerdo, y experimentar la vista desde la cima del mundo.

Cuando hagas un ayuno de cuarenta días, entiende que una vez que lo hayas logrado, disfruta de tu triunfo por un momento y luego baja.

Nadie en la Biblia ayunó más de cuarenta días, ni siquiera Jesús. Moisés ayunó cuarenta días dos veces, pero tuvo un descanso entre cada ayuno en la marca de los cuarenta días.

El cuerpo humano empieza a tener hambre después de cuarenta días sin comer. Probablemente pienses que tu cuerpo tiene hambre después de cuarenta minutos, pero lo que la mayoría de nosotros describe como hambre es en realidad sed. Tu cuerpo está acostumbrado a ser alimentado en determinados momentos, por lo que asumes que cuando te saltas una comida estás hambriento cuando realmente no es así. Pero después de cuarenta días tu cuerpo empieza a tener hambre; necesita comida para mantenerse vivo. Si te quedas más tiempo, es peligroso, la zona de muerte es peligrosa.

VIVIENDO EN LA MONTAÑA

En la base del Everest hay pueblos, muchos de cuyos habitantes son personas conocidas como sherpas. Los sherpas son los escaladores de élite del mundo. Usualmente tienen una condición física increíble y pueden superar a cualquiera que venga a conquistar la gran montaña en la que viven. Pueden escalar con mayor velocidad porque están acostumbrados a la altitud de las montañas. Viven en el entorno que otros sólo visitan para escalar temporalmente.

Estos guerreros son increíblemente útiles para los escaladores que intentan escalar el Everest, porque planifican la ruta, preparan las cuerdas de sujeción y llevan el equipo de escalada (como comida, gas para cocinar, tiendas, sacos de dormir, purificador de agua). Cuando los escaladores llegan a un nuevo punto base durante la escalada, el sherpa ya ha estado allí anteriormente preparándolo todo, y se ha trasladado a una elevación superior para preparar de nuevo el camino. Estos esfuerzos de valentía pueden costar la vida a los sherpas, que se enfrentan solos a los elementos.

Me intrigan estos sherpas porque puedo ver rápidamente la correlación espiritual con su valor. Algunas personas son como los escaladores que vienen una vez al año o una vez en la vida. Este tipo de personas se consagran de vez en cuando e intentan un viaje lleno de sacrificios, pero no viven de forma sacrificada. En cambio, los sherpas son una representación del tipo de personas que viven en la montaña.

Permíteme añadir que si vas a caminar en el Espíritu, tienes que aprender a entrar primero en el Espíritu cada vez que estés cerca de su presencia. ¿Alguna vez te has preguntado por qué puedes levantarte en la mañana y orar y sentirte como un individuo cambiado mientras estás orando, sólo para sentirte como el mismo viejo hombre carnal tres horas después? He aprendido que cuando esto me sucede, simplemente no he estado en su presencia el tiempo suficiente durante mi sesión de oración matutina.

Tal vez estaba cansado o frustrado por algo y por lo tanto perdí mi oportunidad de caminar en el Espíritu el resto del día. Pensé: "Oye, oré una hora. No obtuve un avance, pero al menos oré".

Es encomiable orar cuando no tenemos ganas, pero con demasiada frecuencia realmente se desvanecen nuestras ganas cuando vamos a orar y, por lo tanto, nos quedamos con los pies plantados en tierra firme, y nuestras oraciones apenas llegan al techo.

Orar sin desear sinceramente un encuentro con el Señor te dejará caminando en la carne después de haber terminado. Estoy cansado de los avances que duran sólo unas horas. Quiero vivir en la montaña y caminar en el Espíritu. ¡Es tiempo de empezar a perseguir a Jesús como nunca antes! Es tiempo de caminar en el Espíritu. No desperdicies otro encuentro de oración u otro servicio u otro llamado al altar por simplemente dejar presencia mientras aún estás en la carne.

Las personas que se consagran constantemente son como sherpas espirituales que viven en la montaña. Yo quiero ser así. Quiero ser capaz de ayudar a los demás en sus viajes espirituales. No me interesa sólo escalar y ver la vista desde la cima de la montaña y luego no contarle a nadie ni animar a nadie en sus intentos de llegar a la cima. De hecho, esa es la razón por la que estoy escribiendo este libro; quiero que este libro sirva de oxígeno para tu escalada. Quiero que sea la cuerda a la que te aferres en la parte más dura de la escalada. ¡Tú puedes hacerlo!

Yo creo en ti y, lo que es más importante, Jesús cree en ti. De hecho, él quiere que lo hagas más frecuentemente que tú. ¡Él está a tu favor!

NECESITAS UN ENTRENADOR

Encuentra a alguien que haya estado donde tú quieres ir. Descubrirás que cuando tienes a alguien que te apoya y que entiende la batalla en las que estas, tu enfoque durará más tiempo. Es una bendición tener a alguien que pueda aconsejarte y fortalecerte en los momentos difíciles de la escalada.

Alguien ha subido por antes de ti y ha preparado la ruta. Alguien tiene palabras que intensificarán tu hambre por las cosas del Espíritu. Ora para que el Señor te envíe a la persona que podrá inspirarte y fortalecerte. Si estás planeando un ayuno más prolongado en un futuro próximo, necesitas a alguien a quien rendir cuentas.

Nunca dejes que el infierno te convenza de que te enfrentes a un Everest espiritual descubierto. Necesitas a alguien que quiera que llegues hasta el final, pero que pueda detenerte si nota que experimentas problemas de salud. Los senderistas en el campamento base del Everest se registran varias veces al día con sus guías, los sherpas, que van por delante midiendo los vientos, comprobando la ruta y anotando las cosas que el escalador encontrará. Al leer esto, deberías pensar en tu pastor. Tienes que mantener la línea de comunicación abierta con tu pastor. Él está observando el panorama del Everest que estás tratando de escalar. Mientras escalas, necesitas protección contra enemigos y depredadores que habitan el Everest.

ESCALADORES EN EL REINO

Tu edad no importa cuando se trata de consagrarte al Señor. Cualquiera puede hacer el viaje. Cualquiera puede escalar la montaña. Jordan Romero se convirtió en la persona más joven en escalar el Everest a la edad de trece años. Ya había escalado el Kilimanjaro a los diez años. Es evidente que este jovencito ha crecido en las montañas para ser capaz de realizar tales hazañas a tan corta edad.

Cuando se trata de escalar en el Espíritu, no hay que esperar hasta llegar a los cuarenta años para alcanzar las cosas de Dios. Conozco a jóvenes que han hecho ayunos prolongados mientras estaban en la secundaria. Todo depende de lo mucho que lo desees. Hay un grito del Espíritu buscando al próximo escalador en el reino. ¿Serás tú? ¿Vas a impulsarte mientras otros se relajan? La voz de Dios está llamando y alguien va a escucharla. Se pondrá las botas de escalar, recogerá su equipo y declarará guerra al infierno. Para mí, el ayuno es un equivalente espiritual más cercano a la escalada que cualquier otra actividad física. Afirmo esto porque el ayuno cambia tu posición más rápidamente que cualquier otro esfuerzo espiritual. El ayuno te eleva en el mundo espiritual, permitiéndote ver las cosas desde un punto de vista más elevado: el punto de vista de Dios. Creo que la gente nunca ha estado más cerca de Dios que cuando ha emprendido un largo viaje de oración y ayuno. Igualmente que la capacidad de continuar la escalada cuando el agotamiento te está superando, también lo es la capacidad de mantenerse centrado en un ayuno cuando tu cuerpo se debilita por momentos.

Otra similitud con la escalada es el hecho de que debes marcar tu propio ritmo. Puede que tengas un problema de salud que te exija tener un determinado tipo de elemento nutricional en tu cuerpo cada día. Es posible que no puedas hacer un ayuno basado sólo en agua o sólo en jugos. Eso no significa que tengas una excusa para no hacer lo que puedes hacer por su reino. No te quedes en el campamento base y te compares con los escaladores que han logrado hazañas increíbles para Dios mientras que tú nunca te has saltado un refrigerio en treinta y seis años. Levántate y ve a por ello. ¿Dónde puedes escalar? ¿Qué puedes hacer para llegar más alto? ¡Hazlo ahora!

CAPÍTULO 7

Encuentra tu pista de aterrizaje

omo evangelista a tiempo completo que viaja por todo el mundo, en muchas ocasiones se me puede ver en los aeropuertos esperando mi próximo vuelo, normalmente a algún lugar frío en invierno o caluroso en verano. Pero no me quejo. Estoy seguro de que Pablo habría intercambiado gustosamente horarios y medios de transporte conmigo. Teniendo en cuenta las veces que el barco en el que viajaba encallaba o se hundía, estoy casi seguro de que habría hecho fila para sentarse en clase turista durante varias horas para ir a predicar a algún lugar donde no iba a ser golpeado y arrestado al final del vuelo.

En la sociedad moderna actual lo tenemos fácil. Enormes aviones nos hacen volar o modernos vehículos nos conducen a donde queramos ir. Nos alojamos en hoteles con camas grandes. Por alguna razón no veo a los apóstoles quejándose al posadero samaritano por no tener suficientes toallas cuando estaban celebrando un avivamiento allí; pero quién sabe, tal vez lo hicieron.

La mayoría de los fines de semana viajo en avión, a menudo en un asiento como el 36B, cerca de los baños en la cola del avión. Tengo un ritual pre-vuelo. Primero, al embarcar, toco el exterior del avión al entrar y elevo una oración sobre el vuelo. Segundo, mientras nos dirigimos a la pista, me arrepiento de cualquier pecado que pueda haber en mi vida. Tercero, hablo con el mundo espiritual mientras las ruedas despegan para que ningún espíritu maligno me siga hasta mi destino. Cuarto, cuando el avión aterriza le hablo a los habitantes del mundo espiritual de cualquier estado o nación en la que acabo de entrar y tomo autoridad sobre esa región en el nombre de Jesús. Cuando uno viaja por Jesús tan frecuentemente como yo lo hago, estás obligado a tener algunos encuentros con el infierno, y yo he tenido hasta para repartir, por decirlo suavemente. Relataré algunas de estas experiencias más adelante en el libro.

Para mí, la parte más emocionante del vuelo es el despegue, cuando el avión avanza lentamente por la pista, tomando impulso mientras se prepara para volar. Esto me lleva al tema de este capítulo: la importancia de la pista. La pista debe ser larga por múltiples razones. En primer lugar, un avión sólo puede despegar si la fuerza del despegue es mayor que la fuerza del peso del avión. Cuanto más larga sea la pista, mayor será el impulso y la velocidad del avión antes de intentar elevarse de la superficie de la tierra.

Una pista de aterrizaje puede ser comparada con el ayuno prolongado porque sirve como una pista de aterrizaje en el mundo espiritual. Para ganar impulso con Dios antes de que tu ministerio lo haga con el hombre, debes encontrar tu pista de aterrizaje, la más larga que puedas encontrar. En otras palabras, haz el ayuno más largo posible. Nada te hará volar en el Espíritu como una pista de aterrizaje pavimentada con el ayuno.

El mundo espiritual es más real que el mundo en el que vives. Los ángeles y los demonios habitan este lugar, y si vas a elevarte a su mundo para hacer algo por el reino de los cielos, vas a tener que aprender a orar y a ayunar. Las cosas y los seres que son invisibles y aparentemente inexistentes para la persona carnal se vuelven alarmantemente reales para el hombre o la mujer que está ganando velocidad en la pista. Este libro no está diseñado para asustar a nadie, pero el simple hecho es que cuanto más ayunes y ores, más del mundo espiritual escucharás y verás.

RODAR ANTES DE DESPEGAR

El avión se aleja de la puerta de embarque y gira lentamente para dirigirse a la pista. Esto también tiene implicaciones espirituales. Generalmente, cuando un ayuno prolongado está cercano para mí, empiezo a sentir un movimiento gradual hacia él en mi espíritu. Sé que el ayuno no va a comenzar ese día, pero definitivamente puedo sentir que el avión comienza a moverse.

El avión comienza a rodar hacia la pista y crees que por fin ha llegado el momento de despegar. De pronto, después de rodar durante unos minutos, el avión se detiene. Entonces oyes la voz del piloto por el intercomunicador informando a los pasajeros: "Estamos en la tercera, cuarta o (rellena el espacio en blanco) fila para el despegue". Esperabas un despegue estruendoso por la pista antes de elevarte hacia el cielo, pero hay otros aviones en el camino en ese momento. No es que no vayas a despegar, es que te han retrasado unos minutos más. ¿Qué tiene que ver esto con el ayuno? Habrá momentos en los que estés tan preparado para ayunar. Estás emocionado y con una motivación más allá de lo que pueden describir las palabras. Luego surge algo y tienes que posponerlo un poco. Nada es tan frustrante como eso. Tú quieres despegar ahora, pero Dios te dice que esperes. ¿Por qué? Él te está protegiendo de algo que no puedes ver con tu espíritu humano, o, en nuestros términos, en el asiento 36B.

Aquí es donde he fracasado varias veces, porque cuando el avión se detiene, sigo queriendo despegar. En el mundo del ayuno, esto significa que intento seguir con el ayuno sin tomar impulso en la pista. Es difícil llegar a alguna parte cuando el avión no se mueve.

VAS A DESPEGAR

Puedo asegurarte que harás este ayuno. Cuando se trata de Dios y de sus planes para tu vida, ser retrasado nunca ha significado ser negado. Me dirijo a los guerreros, a los que tienen sus pensamientos enfocados en este ayuno. Los consagrados casuales probablemente no se conectarán conmigo en este momento, pero a los hambrientos, que sea declarado en el mundo espiritual que vas a hacer esto. Yo lo declaro en tu vida en este momento. Está a punto de haber un cambio en tu espíritu y en tu mente que te impulsa a la pista.

Dios sabe cuánta hambre tienes de hacer esto porque Él puso el hambre allí. Él quiere que lo desees. Quiere que busques ese lugar secreto. Cuando llegues al lugar donde esto es todo lo que puedes pensar, el avión empezará a rodar, así que prepárate. Sé por experiencia personal que cuando Dios te retiene durante unos días, semanas o incluso meses, finalmente te liberará para que empieces a rodar por la pista con su combustible en tu tanque de gasolina espiritual. No es una cuestión de si; es una cuestión de cuándo.

REMONTÁNDOSE EN EL ESPÍRITU

Es sorprendente la rapidez con la que un avión puede alcanzar una altitud de crucero de treinta mil pies pocos minutos después del despegue. La pista no sólo ha proporcionado impulso para un buen despegue, sino que ha catapultado al avión muy por encima de las nubes. Desde esta altura, la pista ahora parece pequeña e insignificante, pero si no hubiera sido por esa pista, el avión seguiría quieto en la pista. El punto es que el ayuno te catapulta a lugares en el mundo espiritual. Te sorprenderá la rapidez con la que el favor de Dios, que siempre se ha cernido sobre ti (como las nubes) pero que nunca ha estado sobre ti, está ahora a tu alrededor.

En retrospectiva, una vez completado el ayuno, parece que sólo fue un pequeño sacrificio de hacer; sin embargo, los pequeños sacrificios ahora pueden engendrar un gran favor más adelante. David no pensaba que llevar a sus hermanos algo de comida antes de la batalla tendría alguna relación con su futuro, pero lo que no sabía era que el viaje implicaría matar a un gigante. No se dio cuenta de que su destino estaba relacionado con este humilde acto de servicio. Obedeció a su padre y tomó alimentos para que otros comieran, luego mató al gigante y más tarde se convirtió en rey. Otros comieron, pero David se sacrificó. Piensa en ello. ¿Qué recompensa quieres? Puedo decirte que las recompensas del ayuno superan excesivamente los beneficios del banquete.

¿CUÁL ES SU ALTITUD DE CRUCERO?

Estoy a bordo de un avión que se dirige a mi próximo avivamiento. Cuando el avión alcanza cierta altura sobre el nivel del mar, oigo la voz del piloto por el intercomunicador: "Señoras y señores, les habla su capitán. Hemos alcanzado una altitud de crucero de treinta y dos mil pies. Cuando vean la señal del cinturón de seguridad apagada, siéntanse libres de moverse por la cabina cuando sea necesario". Las altitudes de crucero pueden variar, pero cuanto mayor sea la altitud, menor scrá la resistencia del avión, lo que requerirá menos combustible. Por otro lado, cuanto mayor sea la altitud, más largo será el ascenso, lo que requiere más combustible. Cuando los pilotos alcanzan una altitud de crucero óptima, han llegado al "punto óptimo": volar lo más alto posible y lo más rápido posible gastando la menor cantidad de combustible. Este es el nivel (o, en términos espirituales, la dimensión) donde tiene lugar la mayor parte del vuelo.

El piloto no intenta volar a un nivel en el que haya mucho tráfico aéreo. Una vez que el piloto ha llevado el avión a una altitud de crucero, el controlador aéreo te informará de que ya es seguro circular. Esto no quiere decir que el piloto puede irse a dormir, sino que ha llevado el avión a una dimensión con menos tráfico aéreo y ahora puede circular con seguridad.

Una vez que has ayunado suficiente (escalada), entras en una dimensión que tiene menos tráfico aéreo humano. Esto no significa que puedas dormirte espiritualmente y llegar a tu destino; significa que has alcanzado la altitud de crucero y ahora puedes fluir con lo que ocurre en el Espíritu.

Hay momentos durante el vuelo en los que el piloto debe ascender otros mil pies debido a la presencia de otro avión en la zona o si hay turbulencias en el aire. Esto se denomina ascenso escalonado. El piloto no necesita subir varios miles de pies y establecer una nueva altitud de crucero; sólo necesita evitar posibles problemas en la trayectoria del avión que está volando.

Cuando llegues a la altitud de crucero en tu ministerio o llamado, habrá momentos en los que tendrás que ajustarte a algo que viene en la atmósfera. Esto es más fácil de hacer cuando ya has subido a un lugar donde sabes lo que estás haciendo en esta dimensión. Las cosas invadirán tu altitud de crucero de vez en cuando: a veces es algo identificable; otras veces no.

Por ejemplo, las turbulencias son invisibles, pero otro avión acercándose a ti es visible. En la dimensión espiritual tendrás que ajustar tu altitud de crucero cuando te encuentres con cosas que puedes ver o con cosas que no puedes ver pero sí sentir. Sientes los efectos de las turbulencias pero no puedes ver necesariamente el viento que las causa. Lo que quiero decir es que cuando llegues al lugar en el que estás circulando por Dios, tendrás que hacer ajustes de vez en cuando para evitar la catástrofe.

Algunas cosas serán claramente visibles, y cuando las veas acercarse sabrás que tienes que subir un poco más. Otras cosas serán imposibles de ver, pero puedes sentir que se acercan a ti. Si no ajustas tu altitud para evitar las turbulencias, tu nivel de crucero se parecerá más a una montaña rusa inventada por un demonio maníaco. El vuelo de la vida nunca va a ser fácil, ni siquiera después de un ayuno prolongado que te impulsa hacia tu altitud de crucero. Debes hacer ajustes "al vuelo" (juego de palabras) o no terminarás el vuelo donde quieres aterrizar.

Sin embargo, si te mantienes concentrado mientras estás nivelando y haciendo grandes hazañas para el Señor, puedes ver más claramente las cosas que se acercan porque ya no estás subiendo para llegar a algún lugar; ya has alcanzado la altitud de crucero. Además, ahora puedes sentir que se acercan cosas que son invisibles para otros, personas que, de hecho, no comprenden la existencia de este nivel de actividad porque existe y se mueve en el aire por encima de donde viven. Esta dimensión llega sólo a través de la oración y el ayuno. Recuerda que luchamos con cosas en "lugares altos". No puedes luchar con cosas en lugares altos si te niegas a encontrar tu pista de aterrizaje. Si estas luchando con tu carne, necesitas encontrar una pista de aterrizaje al mundo espiritual para que puedas cumplir con el destino que Dios ha preparado para ti. ¿Quieres ver ángeles? ¿Quieres echar fuera a los demonios? Tiene que venir a través de la oración y el ayuno.

¿Quieres circular en el Espíritu? Debes despegar de la pista de aterrizaje y subir para llegar hasta allí. Vamos, Dios te está esperando. Oigo al controlador aéreo llamando tu nombre.

Eres el siguiente en despegar. Dios te está llamando a un ayuno.

EL CIELO ESTÁ PROMOVIENDO ESTE AYUNO

La carrera de Elías y el ayuno de cuarenta días que realizó me resulta fascinante por cómo empezó. Inició con una comida cocinada por un ángel y un anuncio enviado desde el cielo; el ángel no sólo cocinó para él sino que le entregó un mensaje junto con la cena. ¿El mensaje? "Después de comer esta noche, vas a hacer un viaje de cuarenta días". Realmente creo que hay un ayuno que se inicia por una orden celestial. Al igual que Elías, estás preparado para eso.

El ángel del Señor regresó y, tocándolo, le dijo: «Leván-tate y come, porque te espera un largo viaje». (1 Reyes 19:7)

¿Por qué era necesario que un mensajero celestial anunciara este ayuno? ¿Por qué Elías no pensó naturalmente que era el momento de consagrarse? Yo creo que la explicación era que no habría comida disponible desde el momento en que dejara la sombra del enebro bajo el que descansaba hasta la cueva donde tendría su próximo encuentro con Dios. El ángel lo sabía; Elías no. Si Elías hubiera dejado el enebro sin el anuncio en la cena del ángel, habría tenido hambre y habría buscado una comida que no existía. Ahora añadiría el hambre a la frustración y la depresión con las que ya estaba luchando.

Cada vez que te sientas frustrado por algo espiritualmente y luego no puedas sentir el toque de Dios o escuchar su voz después, comenzarás a buscar un alimento espiritual que no existe. No te equivoques: habrá temporadas en las que Dios estará en silencio, y si no has comido bajo tu enebro en preparación para el viaje, te volverás espiritualmente suicida y pensarás que lo que en realidad es una prueba temporal no es otra cosa que una realidad permanente para tu futuro.

EL DIOS SUSURRANTE

Elías entró tambaleándose en una cueva en los riscos del escabroso monte Sinaí y pasó la noche. A la mañana siguiente, lo primero que oyó fue la voz de Dios: "¿Qué haces aquí, Elías?" El profeta, desanimado y agotado, contestó: "Te he servido con devoción, pero tu pueblo ha derribado tus altares y ha matado a todos tus profetas, ¡y yo soy el único que queda!". Dios le respondió: "Ve a pararte en la entrada de la cueva".

Elías salió al amanecer, pero casi fue derribado por la tormenta de viento. Fue tan violenta que desprendió rocas, las cuales cayeron en picada por la ladera de la montaña. Entonces el suelo empezó a temblar y a agitarse, y Elías se dio cuenta de que estaba experimentando un terremoto. En cuanto la tierra se calmó, pasó una bola de fuego. En medio de toda la agitación, no se oyó la voz de Dios. Elías se quedó entre los escombros en la repentina quietud hasta que escuchó un suave susurro y lo reconoció como la voz del Señor. "¿Qué haces aquí, Elías?" El profeta pronunció la misma triste letanía de que era el único profeta que quedaba. En lugar de compadecerse, Dios le dijo en términos indiscutibles que reanudara su ministerio; tenía que ir al desierto de Damasco y ungir al próximo rey de Aram; debía ungir a Jehú para que fuera el próximo rey de Israel; debía ungir a un sucesor, Elisá, hijo de Safat. Luego vino el factor decisivo: "Yo preservaré a 7000 israelitas que no se han arrodillado ante Baal ni lo han besado". (Véase 1 Reyes 19, NVI.)

Esto me lleva a un punto importante. El Espíritu de Dios hizo que el viento soplara vehemente, que la tierra temblara violentamente y que el fuego ardiera volcánicamente. Aún así, Dios no estaba en estos fenómenos naturales. Si Elías no hubiera estado conectado con el Espíritu a través del ayuno, podría haber confundido estas manifestaciones causadas por el Espíritu con la voz del Espíritu. El ayuno crea una sensibilidad a la voz de Dios que no puede venir de otra manera. Algunas de las situaciones y personas que se mueven en tu vida en este momento pueden tener el Espíritu de Dios cerca de ellas, pero puede que no lleven realmente la voluntad de Dios para tu vida en ellas.

El ayuno te hace reconocer la diferencia entre el viento y los susurros. Uno se mueve a tu alrededor, pero el otro habla dentro de ti. ¿Cuántas veces te has perdido los encuentros con el Dios susurrante porque te has dejado llevar por el viento? El viento sopla, la tierra tiembla, el fuego arde, pero Dios susurra.

Él susurra a través de la palabra, en la oración, en la predicación, en los sueños, en la naturaleza, a través de las personas, en la meditación en Él, a través de los ángeles, a través de un libro, y de tantas otras maneras. Si tú escuchas, Él te revelará cosas. Mucha gente sólo quiere que Él escuche sus peticiones y luego el encuentro de oración ha terminado. Si lo pones a Él en primer lugar, puedes contar con Él para lidiar con las cosas que estás enfrentando. Después de todo, Él es tu Padre.

NUESTRO PADRE

Los discípulos se acercaron a Jesús y le pidieron que les enseñara a orar. Las dos primeras palabras que el Señor instruyó a los discípulos para orar fueron "Padre nuestro". Esto nos remonta al párrafo anterior sobre qué es Dios y quién es para nosotros. Nota que el Señor no dijo que dijéramos "Nuestro Salvador" o "Nuestro Dios" o "Nuestro Señor" o incluso "Nuestro Creador", aunque Él es todas esas cosas y más. Les dijo: "Quiero que piensen en mí como su Padre".

En otras palabras, reconocer su señorío, su poder salvador y su capacidad creadora no hace tanto por Dios como que le digamos: "Señor, tú eres mi Padre". ¿Por qué? Porque todo buen padre sabe que uno de los atributos más grandes e importantes de ser un buen padre es tener una relación abierta con su hijo en la que pueda comunicarse con él en cualquier momento acerca de cualquier cosa.

Dios es nuestro Señor y Salvador, pero quiere que sepamos que somos para él más que un siervo en su reino. Hemos entrado en la filiación del Rey de reyes y del Señor de señores. Tenemos que temer su poder y honrar su señorío, pero tenemos que acudir a él como nuestro Padre.

Fíjate también en que les dijo que oraran "Padre nuestro", no "Padre mío". Quiere que sepamos que todos somos sus hijos. La próxima vez que te dirijas a él para quejarte de otra persona que también le sirve, tal vez debas decir "Padre nuestro", y luego pensar en las implicaciones de eso antes de decir otra palabra.

ESCALAS NECESARIAS

Cada vez que reservo boletos de avión para mis avivamientos, cruzadas o conferencias programadas, siempre compruebo si hay vuelos directos. Si el vuelo directo no cuesta mucho más que un vuelo con escalas, compro el billete para el vuelo directo. He viajado lo suficiente con mi familia para saber que cuanto antes aterricemos en nuestro destino, antes podremos descansar y concentrarnos en lo que Dios nos ha enviado a hacer. Personalmente para mí, esto hace que los viajes sean mucho más agradables. Me encanta saber que cuando finalmente escapo de los confines del asiento 36B, no voy a subir a otro avión ese día. Cuanto más corto sea el tiempo de vuelo, más me gusta, pero obviamente, esto no siempre es posible debido a los patrones de vuelo preseleccionados por la aerolínea. Si no hay vuelos directos al destino que necesito, tendré que hacer una escala. Las escalas pueden ser refrescantes si son cortas y si el siguiente vuelo está cerca de la puerta de embarque por la que acabo de salir del avión. Por otro lado, las escalas pueden ser estresantes si estas variables faltan en la ecuación.

En el mundo espiritual, las escalas son necesarias. Habrá momentos en los que estarás ansioso por elevarte hacia tu destino, pero Dios te pondrá en tierra en una escala. Puede parecerte innecesario, pero sus pensamientos están por encima de los tuyos. Él sabe cosas sobre tus futuros patrones de vuelo que tú no sabes.

CAPÍTULO 8

Ayunando en secreto

Este capítulo tuvo su origen un sábado por la noche de 2018 en una habitación del Homewood Suites. Mi esposa y mis hijos estaban durmiendo, mientras yo estaba acostado en el piso entre la cama y el baño. Estaba leyendo el siguiente pasaje bíblico, que he leído más veces de las que puedo contar.

> *Cuando ayunen, no pongan cara triste como hacen los hipócritas, que demudan sus rostros para mostrar que están ayunando. Les aseguro que estos ya han obtenido toda su recompensa. Pero tú, cuando ayunes, perfúmate la cabeza y lávate la cara para que no sea evidente ante los demás que estás ayunando, sino solo ante tu Padre, que está en lo secreto; y tu Padre, que ve lo que se hace en secreto, te recompensará.* (Mateo 6:16-18)

Mientras leía estos versículos, el Señor comenzó a convencerme mientras me revelaba la importancia de ayunar en secreto. Me gustaría compartir contigo lo que compartió conmigo esa noche.

El ayuno ya no era un problema para mí. Había hecho tantos ayunos que sentía que había cumplido la voluntad de Dios en esa área de consagración para mi vida. Sin embargo, mantener mis ayunos en secreto era algo nuevo. Siempre parecía que "era sabido" cuando estaba en ayuno.

Yo obviamente había predicado sobre el poder del ayuno y había aludido a varias historias personales (algunas de las cuales se incluyen en este libro) que habían ocurrido durante un ayuno o a causa de los ayunos que Dios me ha llevado a completar. Aparentemente eso no era lo que estaba molestando al Señor esa noche. Me estaba haciendo saber que no le agradaba mi tendencia a contarle a la gente cuando estaba ayunando, especialmente si el ayuno era prolongado. La revelación de Dios en su palabra aquella noche ha cambiado mi vida por completo desde entonces. Por lo tanto, creo que es importante que comparta contigo los siguientes elementos esenciales que necesitas cuando realices un ayuno prolongado.

HAZTE UN ESTIRAMIENTO FACIAL

La primera cosa en la que Jesús se centró como esencial para alguien que va a ayunar es la importancia de sonreír. Instruyó: "Mientras estés ayunando, no parezcas triste". En otras palabras, "Si estás ayunando, ¡anímate! ¡Alégrate! Agradece que has tenido el privilegio de ser elegido para realizar esto en el Espíritu". Ir por ahí con un semblante triste, dijo Jesús, es un comportamiento hipócrita. Los hipócritas parecen disfrutar de la atención que reciben de los demás. En lugar de recibir una recompensa de Dios por sus esfuerzos, su recompensa proviene de la gente que los rodea.

Jesús dijo que los hipócritas desfiguran sus rostros mientras ayunan. En el griego original, la palabra "desfigurar" es aphanizo, que significa "arrebatar de la vista, poner fuera de la vista, hacer que no se vea". Esto nos dice que literalmente se cubrían la cara en público como señal de que estaban ayunando. Querían que todos los que los vieran pensaran que se estaban consagrando al Señor. En su lugar, hacían lo contrario: habían perdido el enfoque en el Señor y se estaban enfocando en la atención de la gente. Es posible perder el enfoque mientras ayunas, lo que cambia el objetivo de perseguir a Dios por el de perseguir la afirmación del hombre.

HAZTE UNA LIMPIEZA FACIAL

Jesús dijo que las personas que están ayunando deben ungir sus cabezas y lavar sus rostros. En otras palabras, no llames la atención y no desees la alabanza del público. No mereces ninguna alabanza porque la alabanza le pertenece a él.

La higiene diaria en el primer siglo solía implicar ungir la cabeza y lavarse la cara. En otras palabras, que se viera la cara, y que brillara para no llamar la atención, porque el pelo despeinado y la cara sin lavar llaman la atención. Estaba diciendo: "Actúa como si tuvieras un día normal para que nadie sepa que estás ayunando".

Obviamente, los hipócritas llevaron su ayuno demasiado lejos. No sólo querían que sus amigos lo supieran; querían que todo el pueblo lo supiera. Una cosa es llamar a un amigo y decirle: "Por favor, ora por mí. Estoy ayunando por una respuesta de Dios hoy". Es una cosa completamente diferente salir de tu casa e ir a pararte en una esquina de una calle muy transitada con un cartel que diga: "¡Mírenme todos! Estoy ayunando". Lo primero es una petición humilde; lo segundo es una exigencia orgullosa. Lo primero es decir: "Estoy buscando a Dios"; lo segundo es decir: "No prestes atención al Señor. Céntrate en mí porque estoy ayunando". Una persona humilde ayuna en secreto y espera la recompensa del Padre. Una persona orgullosa ayuna en público y busca una recompensa a través de la auto-exaltación.

AYUNO PRIVADO, RECOMPENSA PÚBLICA

Jesús posteriormente nos instruyó a ayunar a nuestro Padre. Los hipócritas ayunaban para la gente porque hacían público el ayuno. La manera de estar seguro de que tu ayuno es para tu Padre y no para la gente es manteniéndolo en secreto. "Tu Padre que está en secreto" significa que Dios está en el lugar recóndito de tu vida; por lo tanto, consagrar en privado es la manera de conseguir la actividad celestial en los lugares secretos de tu vida.

Luego dijo: "Tu Padre te ve en secreto". Tu Padre nota cosas de ti que nadie más nota. Sólo Él ve tu sacrificio; por lo consiguiente, nunca recibirás elogios y honores de todos los que te rodean. Ten la seguridad de que el increíble Dios al que sirves no se pierde nada. Él nota cada detalle de tus esfuerzos por complacerlo. Cuando estás en el suelo a las cinco de la mañana llorando por las almas perdidas de tu familia, tus vecinos no saben lo que estás haciendo. Pero lloras esas lágrimas porque crees que Dios está ahí contigo y dentro de ti en el lugar secreto, y te recompensará con respuestas.

La razón más poderosa por la que debemos ayunar en privado es porque el ayuno privado trae recompensas públicas. Jesús dijo: "Si ayunas en secreto, tu Padre celestial te recompensará públicamente". Esta es la revelación: Si ayunas en privado, la recompensa será pública; si ayunas en público, ya has recibido tu recompensa, y no era de Dios.

Entonces, las recompensas públicas provienen de ambos tipos de ayuno, y tú determinas la fuente de tu recompensa. Si estás ayunando y todo el mundo lo sabe, el ayuno en sí mismo y los elogios de los demás son tu recompensa. La gente puede pensar que eres espiritual, pero la recompensa que te dan es simplemente su percepción de quién eres y de lo que has logrado. Pero, si ayunas en secreto, el público no te verá como un héroe, pero no podrán negar la interminable, inmerecida e inexplicable mano de Dios en tu vida.

Lo más importante es que si tu recompensa viene del hombre, será temporal. Si el hombre te abre puertas, el hombre puede cerrar esas puertas. Si la gente conecta contigo, puede desconectarse de ti. ¿Por qué? Porque la recompensa que te dan se debe a que buscas su afirmación. Al contrario, si tú recompensa viene de Dios, la recompensa será eterna. Si Dios te abre las puertas, el hombre nunca podrá cerrarlas. Si Dios se conecta contigo, el hombre nunca podrá desconectarte. Todo depende de a quién estés ayunando.

Puedo recordar algunas bendiciones que obtuve en ayunos anteriores y que ya no conservo porque esas recompensas eran del hombre. Las puertas que se abrieron ahora están cerradas porque fueron una recompensa temporal del hombre. En otras palabras, le conté de mi ayuno a demasiada gente. Por otra parte, también puedo observar las recompensas del ayuno que todavía están vivas y bien porque esas recompensas fueron un acto de Dios todopoderoso. Esas recompensas no vinieron del hombre, así que el hombre no puede quitarlas.

Otro hecho maravilloso sobre el ayuno en secreto es que tu fuerza en el ayuno será proporcionada por el que habita contigo en secreto. Si ayunas públicamente, necesitarás decírselo a alguien diferente cada día para tener fuerza ese día para seguir ayunando. Contárselo a una persona puede hacer que sigas ayunando ese día, pero no tendrás fuerzas a la mañana siguiente para continuar si no se lo cuenta a otra persona. Dependes de los elogios de los demás para soportar otro día de ayuno.

El ayuno público es, en muchos sentidos, adictivo. Las personas que ayunan públicamente se quedan sin esa satisfacción temporal, por lo que deben buscarla continuamente. Sin embargo, si tu fuente de fuerza es nuestro Señor Jesucristo, eso trae una satisfacción duradera. Los humanos pueden ser usados por el Señor para dar esa fuerza permanente, pero sólo si el buscador está buscando al Señor primera y principalmente. Dios puede entonces elegir a un humano para bendecir al buscador con una impartición de fuerza que dure.

AYUNO ETERNO

Cuando el ayuno se hace en secreto para el Señor, las recompensas son eternas. La palabra "eterno" significa "una larga duración, para siempre". Varias veces en las escrituras se encuentra el término "de eterno a eterno" cuando se describe un atributo del Señor. El Dios que recompensa el ayuno completado en secreto es uno de atributos eternos y pactos eternos. Los dones y llamados de Dios son sin arrepentimiento, lo que significa que no cambia de opinión ni los retira. Él es el recompensador permanente. Si él dice: "Sea la Luz", entonces la luz nunca dejará de ser una realidad a menos que él diga: "Sea la Oscuridad". Cada palabra que sale de Su boca provoca un cambio permanente. Jesucristo, según Hebreos 13, es el mismo ayer, hoy y siempre. Él es verdaderamente el Dios de la eternidad a la eternidad.

EL RECOMPENSADOR

*En realidad, sin fe es imposible agradar a Dios, ya que
cualquiera que se acerca a Dios tiene que creer que él existe
y que recompensa a quienes lo buscan.* (Heb. 11:6)

Ayunar por una respuesta es mostrar un nivel de fe mucho
más alto que simplemente orar por esa respuesta. Ayunar es
invertir la fe en un resultado mayor que la realidad que la carne
puede proyectar.

Si la fe es la que mueve montañas, entonces el ayuno es la
excavadora que mueve los riscos de granito, la arcilla endurecida y
los árboles gigantescos que conforman esa montaña. La fe desatada
en Dios es una fe que exige respuestas. Las olas tempestuosas se
convierten en tierra firme cuando uno sale del bote y entra en
la atmósfera de la fe. La fe te hará ver un lado de Dios que el
simple hecho de vivir para él no te deja ver. La fe desatada siempre
avanza. Marca un antes y un después. No importa el diagnóstico,
si la fe en Dios se desata en una situación, todo puede cambiar.

La fe consigue respuestas porque la palabra dice que a Dios
le agrada la fe. Contrariamente, cualquier acercamiento a Dios
que no esté basado en la fe es desagradable a sus ojos. Creo que le
disgusta que nos acerquemos a él dudando de su capacidad para
intervenir en el problema que tenemos. Debemos creer que existe
y que recibiremos la recompensa si buscamos de él diligentemente.

La palabra griega "recompensador" es misthapodotes,
que significa "el que paga tu salario". El recompensador se
hace responsable de tu provisión porque siempre lo buscas
diligentemente. Buscar diligentemente significa anhelar, exigir,
requerir algo a cambio. Dios quiere que lo busques, que lo
anheles, que exijas su participación en tu vida. Dios se involucra

en tus asuntos sólo cuando acudes a él con algún tipo de petición de intervención divina. El acto del ayuno es el grito más profundo que puedes hacer para pedir la intervención divina. Entonces, y sólo entonces, podrás ver los atributos de un Dios gratificante plenamente manifestados en tu vida de forma permanente.

El recompensador quiere que creas que cuando te acerques a él con fe, te pagará tu salario. No importa qué tipo de salario sea, él tiene los recursos para ir más allá de lo que cualquiera de nosotros merece. Él puede "exceder abundantemente todo aquello que podamos pedir o pensar" O, como la Nueva Versión Internacional traduce Efesios 3:20, "Al que puede hacer muchísimo más que todo lo que podamos imaginarnos o pedir, por el poder que obra eficazmente en nosotros". El recompensador anhela tomar el control de tu vida. La pregunta del millón es, ¿se lo permitirás?

Ayunar es acudir a Dios creyendo en lo imposible porque sabes que es tu recompensa. Las recompensas del ayuno van mucho más allá de las recompensas del banquete. La recompensa de la consagración reduce a cenizas la recompensa anterior de la crítica. Cualquiera puede reconocerlo como su recompensador, es decir, cualquiera que esté dispuesto a buscarlo diligentemente.

Debemos encender la llama flameante de hambre por su participación en nuestras vidas mediante el ayuno. El ayuno es como el líquido para encendedores la madera. La madera está muerta y seca antes de que el líquido la sature. Una vez que se vierte el líquido para encendedores sobre un tronco, una rama o una ramita secos, se espera que el fuego estalle cuando toque la cerilla. La cerilla o el mechero es la oración que se eleva después de que el fluido de ayuno haya tocado la madera o la necesidad. El resultado es una combustión instantánea. ¿Estás preparado para que Dios haga estallar las cosas a tu favor?

La oración combinada con el ayuno es la combinación más explosiva para hacer caer el fuego. El fuego cae donde hay un sacrificio y un altar. Si atas una ofrenda de sacrificio (en forma de ayuno) sobre el altar que has construido mediante la oración, puedes esperar que el fuego consumidor de la gloria de Dios caiga y domine el altar que antes se encontraba vacío. Su fuego busca los altares construidos mediante la oración y cubiertos por el sacrificio de un ayuno.

FUEGO SEDIENTO

El fuego de Dios bajó del cielo, consumiendo el sacrificio de Elías, la madera, las piedras del altar y el polvo. Incluso "lamió" el agua de la zanja que Elías había cavado. El fuego estaba -literalmente- sediento. El fuego de Dios no sólo está hambriento de nuestro sacrificio, sino que también está sediento del agua de la fe que se derrama en la espera. Elías tenía tanta fe en el Dios del fuego que, después de haber construido el altar, dispuesto la madera y coronado con el sacrificio, lo empapó todo con doce barriles de agua. Era tanta el agua que llenó la zanja que había cavado alrededor del perímetro del altar. Él sabía que si su sacrificio merecía la atención de Dios, Él, por consecuencia, consumiría su sacrificio y todo lo que lo rodeaba. Diciéndolo de otra forma, Elías sabía que el fuego de Dios no sólo tenía hambre, sino también sed. La fe sacia la sed de Dios. ¿Hay algo extra que puedas derramar sobre tu sacrificio en espera de que Dios haga algo milagroso en tu vida? Si el fuego cae sobre tu sacrificio, ¿se calmará su sed después de consumir tu ofrenda? ¿O las zanjas alrededor de tu altar seguirán llenas de agua? ¿Está tu ayuno lleno de fe? Espero que sí.

El recompensador está a punto de enviar fuego. Asegúrate de que tu sacrificio se ha empapado de expectativa.

VIENE LA LLUVIA

Me parece maravilloso que los ayudantes de Elías fueran capaces de encontrar agua suficiente para llenar doce barriles, porque el país llevaba tres años y medio en sequía. Quizás había un manantial natural que fluía en la ladera del Monte Carmelo. Quizás los ayudantes sacaron los barriles de agua de un pozo que había sido excavado para preservar la preciosa agua. O quizás los ayudantes descendieron la montaña hasta las orillas del Mar Mediterráneo, llenaron los barriles y los subieron a la cima. Como fuera y donde fuera que hayan obtenido el agua, tan pronto como el fuego lamió la ofrenda de Elías, Dios le dijo a Elías que informara al rey de que se oía una lluvia abundante. En otras palabras, la respuesta era inminente; la sequía había terminado; ¡el renacimiento estaba en el cercano!

Dios nunca te dará un pagaré. Después de beber el agua, Dios desató la mayor tormenta de sus vidas. ¿Pudo haber sido que Dios simplemente estaba esperando un altar, un sacrificio y algo de agua para poder enviarles la respuesta? ¿Qué tan cerca estás de la llegada de tu tan esperada respuesta? ¿Es posible que esa respuesta tenga hambre o sed? ¿Necesita Dios que construyas un altar de oración, que hagas un ayuno en sacrificio y que luego lo empapes de fe? Te reto a que lo descubras.

EL SONIDO DE LA ABUNDANCIA

Elías oyó el estruendo y el silbido de la tormenta que se acercaba. Era el sonido de abundancia de la lluvia. La palabra hebrea para "sonido" es qowl, que significa voz. "Abundancia" en hebreo es hamown, que significa rugido, sonido, muchedumbre, gran número, multitud, riqueza. Creo que Elías escuchó el rugido de una gran multitud y la voz de la riqueza que se acercaba en forma de lluvia.

CAPÍTULO 9
La Gloriosa Escalada

Después del primer ayuno de cuarenta días, Moisés descendió del Monte Sinaí llevando los Diez Mandamientos, sólo para ser confrontado con una escena impactante. El pueblo al que Dios lo había llamado para que sacara de Egipto y lo llevara a la Tierra Prometida, el pueblo al que había probado su valor, orado, instruido y arriesgado su vida para sacarlo de Egipto, estaba bailando desnudos, adorando un becerro de oro. Habían sustituido a Jehová por un ídolo de oro. También habían sustituido a su líder, enviado por Dios, por Aarón, porque, según decían, Moisés había estado demasiado tiempo en la montaña. "A este Moisés, el varón que nos sacó de la tierra de Egipto, no sabemos que le haya acontecido." (Éxodo 32:1). De alguna manera habían persuadido a Aarón para que fundiera su colección de joyas de oro y las moldeara en forma de becerro, posiblemente una representación de los dioses de Egipto.

Cuando la gente desea pecar, las dos voces de las que quieren separarse son el Señor y su líder espiritual.

¿Puedes imaginar estar en la cima de la montaña a solas con Dios, recibir los mandamientos que debían guiar al pueblo en una vida santa, y luego descender de la montaña sólo para encontrarte con una atmósfera erótica y malvada? Es terrible darse cuenta de lo cerca que estaba el Señor Dios mientras el pueblo se deleitaba en su necedad. Habían contaminado y pervertido no sólo su liberación milagrosa, sino el gran plan del Señor para crear una nación santa y las bendiciones que les había concedido. No tuvieron en cuenta su presencia. No puedo imaginar la ira que hervía en las venas de Moisés al acercarse a su malvada orgía.

La reacción inmediata de Moisés no fue, como puede interpretarse, de carnalidad; más bien, fue de justa indignación y abrumadora frustración. Fue similar a la indignación que sintió Jesús cuando entró en el templo y vio a los cambistas, que, como todo el mundo sabía, se aprovechaban de la gente cobrando de más por las aves y los animales que compraban para sus sacrificios. Jesús gritó: "'Mi Templo se llamará casa de oración', pero vosotros lo habéis convertido en una cueva de ladrones". (Mateo 21:13). Esparció las monedas por el suelo, volteó las mesas y expulsó a los cambistas y sus animales del templo.

La reacción de Moisés no fue menos violenta. Cuando presenció la obscena adoración del becerro, arrojó las valiosas tablas de piedra que contenían los mandamientos escritos por el dedo de Dios, y las piedras se hicieron añicos. Tal vez la caótica escena desencadenó pensamientos de las cosas por las que había pasado en nombre de este pueblo: su renuencia inicial, seguida de su decisión de cumplir su papel de libertador, el valor que necesitó para enfrentarse a los esclavos hebreos y persuadirles de la atención de Dios y de su plan de liberación, su frustración ante el Faraón por cambiar continuamente de opinión y endurecer su corazón, la conducción del pueblo a través del Mar Rojo en medio de los aterradores muros de agua que se alzaban a cada lado, su larga paciencia ante las constantes murmuraciones del pueblo contra él y contra Dios:

1. Culparon a Moisés de hacerles la vida más difícil después de que el faraón les exigiera recoger su propia paja.

2. Entraron en pánico cuando vieron que el ejército del faraón los perseguían y exclamaron de forma acusadora: "¡Moisés, nos has traído aquí para morir!".

3. Después de viajar durante tres días sin agua, finalmente encontraron un poco, pero no era potable, y afirmaron que era culpa de Moisés.

4. De camino a Sinaí, el pueblo murmuraba contra Moisés y anhelaba la comida que había disfrutado en Egipto.

5. Reprendieron a Moisés porque tenían sed.

Cual haya sido razonamiento, Moisés se cansó. Acababa de pasar cuarenta días en comunión con su creador, pero se encontró de nuevo en la carne (naturaleza carnal) sólo unos segundos después de observar el desorden de la gente. Los locos pueden hacerte sentir loco a veces. Estoy seguro de que si Moisés pudiera volver a hacerlo, habría dejado de lado los mandamientos y habría arrojado otra cosa para mostrar su descontento.

LAS CONSAGRACIONES PREVIAS NO SON SUFICIENTES

Después de una seria limpieza del campamento que implicó la destrucción del becerro de oro y de los rebelados que lo habían adorado, Moisés tuvo que afrontar la realidad. Aunque había limpiado los residuos del mal en el campamento, sabía que había dejado algo en la montaña. Las preguntas debieron pasar por su mente: "¿Cómo pude estar tan tranquilo en presencia de Jehová y tan enojado apenas me fui? ¿Hice algo mal? ¿Perdí algo entre la cima de la montaña y el campamento? Ayuné cuarenta días en la cima de la montaña, así que ¿cómo pudieron desvanecerse tan rápidamente los efectos de un encuentro tan poderoso con Dios? ¿Acaso no recibí algo que Dios estaba tratando de inculcar en mí?". Moisés sintió que había algo más para él en la cima de la montaña que dos tablas de piedra con mandamientos escritos en ellas.

No podemos depender de los sacrificios de ayer para llevarnos a través de nuestras batallas actuales. Creo que el ayuno trae favor en nuestro futuro, pero también creo que es peligroso asumir que porque una vez caminamos con Dios o que una vez tuvimos un gran encuentro con el Señor que ahora somos libres de reaccionar a las acciones de otros de cualquier manera que deseemos. Demasiadas personas están disfrutando hoy de las recompensas de las consagraciones de ayer sin tener hambre de más. Si asumimos que las recompensas que estamos disfrutando ahora debido a las victorias de ayer en la oración y el ayuno son permanentes, y que ya no tenemos que perseguir al Señor con ese nivel de pasión, hemos sido engañados. Las recompensas y el favor no son una señal de la justicia actual, sino una señal de la justicia pasada. La justicia significa agradar a Dios, y las personas que agradan a Dios siempre reciben recompensas.

Sin embargo, da temor cuando presumimos que la justicia pasada está viva hoy en nuestro espíritu a pesar de nuestras acciones carnales.

Ayúdanos, Señor, a dejar de deleitarnos con nuestros logros pasados en el Espíritu y a comenzar a orar con un hambre ferviente que no se pueda apagar. Moisés gritó al Señor: "¡Muéstrame tu gloria!". Se dio cuenta de que su reacción al enfadarse revelaba una falta de gloria en su vida. "¡Señor, ahora necesito más de lo que he recibido antes!" Que ese sea el clamor de alguien ahora mismo.

SUBIR A LA MONTAÑA NUEVAMENTE

Había un problema con la petición de Moisés de ver la gloria del Señor. El problema no era la elegibilidad a favor de Moisés, sino el lugar desde el que pedía ver la gloria. El problema con las grandes oraciones que son respondidas es que rara vez es la elegibilidad a favor de quien las busca, sino que los factores determinantes suelen ser el tiempo, la ubicación y la voluntad final y el propósito de Dios. Tu petición de oración puede ser correcta, pero el momento puede ser incorrecto. Tal vez lo que pides no pueda ocurrir hasta que se produzca algún crecimiento en tu vida.

Moisés pidió ver la gloria mientras estaba todavía en el campamento, rodeado de gente que aparentemente no tenía ningún deseo de ver tal cosa. Habían cometido el gran pecado de adorar a un becerro de oro, y el Señor envió una plaga como castigo. El Señor le dijo entonces a Moisés que no los acompañaría cuando entraran en la Tierra Prometida. Moisés fue al Tabernáculo de Encuentro y le suplicó al Señor que perdonara al pueblo, recordándole que eran el pueblo de Dios, no el de Moisés. Después de la ferviente oración de Moisés, Dios consintió en ir con ellos al entrar en la Tierra Prometida. Fue entonces cuando Moisés pidió ver la gloria de Dios.

El Señor le informó de que la concesión de su petición implicaría otra escalada a la montaña sagrada. Es cierto que podía oír la voz de Dios en el campamento, pero si quería ver la gloria de Dios, tendría que estar a una mayor altura. Algunas cosas sólo pueden ocurrir en la cima de la montaña. Algunas recompensas sólo pueden ser manifiestas después de haber salido de la zona de confort de la mediocridad, la apatía y de haber forzado a tu carne a soportar el dolor del sacrificio. "Moisés, si quieres ver mi gloria, hay una montaña en el camino".

Moisés tenía que volver a subir a la montaña si quería experimentar este glorioso encuentro. Cabe destacar que, esta segunda subida sería mucho más difícil que la primera. Esta vez no comenzaría el ascenso con las manos vacías parar recibir las tablas de piedra ya hechas en la cima. Esta vez no sería Dios el que arrancaría las tablas de piedra de la montaña, sino Moisés. Luego, como Dios había prohibido que nadie lo acompañara, tuvo que subir él mismo esas pesadas piedras. Esta segunda subida implicaría mucho más sudor.

A veces Dios nos hace ganar las respuestas que queremos pidiéndonos un sacrificio mayor al que hemos ofrecido antes. Cuanto mayor sea el sacrificio, más apreciaremos la recompensa. "Moisés, no te apresurarás a tirar esas piedras al suelo porque has trabajado muy duro arrancándolas de la montaña y llevándolas hasta la cima".

Si en el pasado has desechado tu ministerio, tu llamado o tus encuentros con Dios, por favor escúchame: Todavía hay esperanza para ti. No estás acabado; sólo tienes que llevar una carga más pesada esta vez. Decídete a ascender a la montaña de la consagración y a estar dispuesto a llevar cualquier carga que se te exija para volver a estar donde mora la gloria.

CORTAR, CARGAR, ESCALAR

Moisés iba a tener el entrenamiento de su vida para comenzar este segundo ayuno. Primero, se le ordenó tallar las tablas de piedra. Cincelar piedras en el desierto sin comida ni agua, el primer día de su ayuno tuvo que ser miserable. A veces Dios espera que cortes algunas cosas al comenzar tu ascenso a su gloria. Las piedras que llevas van a ser escritas por la mano de Dios, porque este encuentro será más grande de lo que tu mente puede retener de una sola vez. Dios quiere escribir todo lo que ocurra en este encuentro. Lo grabará en tu vida, dejándote cambiado para siempre.

La lógica dice que es más difícil cargar esas pesadas piedras al subir una montaña que lo que supondría escalar sin obstáculo alguno. Sería más fácil esperar a llegar a la cima para cincelar las piedras de la montaña. Pero Moisés no dudó en obedecer la orden de Dios de que había que cortar las tablas antes de subir. Conocía el honor de la invitación de Jehová a la cima de la montaña, y no iba a hacer nada incorrecto esta vez. La expectativa lo consumía mientras cincelaba las piedras. Dios iba a mostrarle algo que ni él ni nadie había visto antes. Iba a hablar con él en persona. ¿Valdría la pena la carga adicional de la escalada? ¿Realmente iba a llegar a la cima? Las preguntas debían formularse a un ritmo rápido.

Moisés no tenía botas especialmente diseñadas para escalar montañas. Tuvo que cargar con esas pesadas rocas mientras subía con sandalias por el escarpado terreno. ¿Y si la frustración hubiera llegado en algún momento de la subida? ¿Y si su pie hubiera resbalado en alguna roca suelta? ¿Y si hubiera dejado caer las piedras accidentalmente y éstas cayeran en picada por la ladera de la montaña, explotando en los escabrosos riscos? Aún así, Moisés nunca se quejó, pues era la oportunidad de su vida.

Así es como debes ver el ayuno si vas a terminarlo. En lugar de temer el ayuno (lo que probablemente hará que lo termines antes de tiempo), anticípate a él. Anímate. El rey quiere una cita contigo. Quiere cambiar tu mundo. Los pesos que llevas no son exceso de equipaje. Esas pesadas cargas no son frustraciones innecesarias. Son las páginas de tu libro en las que Dios quiere escribir.

¿Recuerdas cuando los cuatro hombres llevaron al cojo a ver a Jesús? No pudieron entrar en la casa donde Jesús estaba enseñando porque la multitud había llenado la casa y se desbordaban por la puerta. Si su amigo iba a recibir un milagro, no iba a ser fácil porque nadie se apartaba para dejarlos llegar al maestro. (La lección aquí es que si quieres el mayor de los encuentros con el Señor, no tomes la ruta que está concurrida por otros). Los cuatro hombres sólo tenían una opción cuando se trataba de llevar a su amigo enfermo a Jesús: tenían que escalar. Para ser más específicos, tenían que escalar y cargar.

Como en muchas casas del siglo I, había una escalera en la parte trasera de la casa que llevaba a la azotea. La azotea consistía en un entramado de vigas de madera entrecruzadas con gruesas esteras de paja untadas con arcilla. Las azoteas se utilizaban a diario para guardar las herramientas, secar la ropa y resguardar de la brisa nocturna. Básicamente, eran como una habitación extra al aire libre. Los cuatro hombres se quedaron mirando el estrecho tramo de escaleras de piedra, preguntándose si serían lo suficientemente fuertes como para llevar a su amigo hasta la cima. ¿Serían entonces capaces de atravesar las vigas, la estera de paja y la arcilla que se había endurecido al secarse bajo el implacable sol palestino? Ahí estaba de nuevo: cortar, cargar, escalar.

Los cuatro hombres podrían haber dicho a su amigo inválido: "Lo sentimos, lo intentamos. Pero hay demasiada gente bloqueando el camino y no nos dejan pasar". Pero no, se decidieron a superar cualquier obstáculo. Este era su momento. A veces tienes que declarar: "¡Este va a ser mi momento! Si la gente trata de impedirme llegar a Jesús en este ayuno, voy a subir por otra vía. Si no puedo pasar por la puerta, subiré por las escaleras".

Una vez que aceptaron el reto, supieron que tenían que seguir adelante. Habían llegado demasiado lejos para detenerse ahora. "Vamos, amigos. Tenemos que darnos prisa porque Jesús podría terminar su enseñanza pronto. Simón, busca aquí arriba alguna cuerda. El resto de nosotros, nos ocuparemos de cortar este techo". Cortaron y rasgaron las gruesas capas hasta que el techo quedó abierto, y entonces bajaron a su amigo enfermo al suelo justo en frente de Jesús.

¡Habían llegado al momento del milagro! Jesús perdonó inmediatamente los pecados del cojo y luego lo levantó. A veces Jesús espera que cortemos, carguemos y subamos, y luego él se encargará del resto.

PRESÉNTATE A DIOS

Moisés terminó de tallar las rocas y de cincelarlas. Por fin había llegado el momento de iniciar su ascenso. Había llegado al pie de la montaña y su ayuno había comenzado. Hay algo oculto en la conversación entre Dios y Moisés que fue la fuerza impulsora y la motivación para que Moisés conquistara esa montaña a la mañana siguiente. No, no fueron los Diez Mandamientos. Fue una declaración que Dios hizo:

Prepárate para subir mañana a la cumbre del monte Sinaí, y presentarte allí ante mí. (Éxodo 34:2)

Dios no dijo: "Preséntame las tablas de piedra para que las inspeccione". No dijo: "Preséntame tu caso" o "¿Qué puedo hacer por ti ya que has trabajado tan duro para llegar hasta aquí?" Dijo: "Preséntate ante mí". Las tablas de piedra eran sólo una parte de la asignación. La verdadera razón y motivación para esta segunda subida y este segundo ayuno fue la promesa de que vería la gloria de Dios.

Moisés tuvo que pasar tres pruebas para demostrar que estaba en el espíritu y que, por tanto, no fallaría esta vez. La primera prueba fue de sumisión: cortar, cargar y escalar. La segunda prueba era de consagración: ayunar cuarenta días por segunda vez. (Aunque no se menciona que se le haya ordenado ayunar, Moisés conocía lo suficiente la santidad de Dios como para no atreverse a acercarse a él sin hacerlo. Cuanto menos comida, menos carne). La tercera prueba era de presentación: debía presentarse ante Dios.

¡TODOS DE PIE!

Una forma aún mejor de entender el mandato de presentarse a sí mismo es verlo desde la perspectiva de un tribunal. Después de todo, Dios es el legislador, el juez y el jurado. Cada vez que un juez entra en una sala, el agente judicial anuncia: "¡Todos de pie!". Todos en la sala deben ponerse de pie en reverencia al juez. Si alguien no se pone de pie, no se le permite quedarse. Como no había nadie en la cima de la montaña que sirviera de agente judicial para anunciar la llegada de Dios, éste se convirtió en su propio agente judicial. Dijo: "Cuando yo esté allí, te pondrás de pie".

Cuando estés ayunando, recuerda que Dios es el juez. No te presentes y empieces a exigir; más bien, preséntate con humildad y agradecimiento a su llegada. Él no tiene porque reunirse contigo, pero como te ama tanto, a veces te agracia con su presencia manifiesta. ¡Qué honor estar ante el rey, el juez de toda la eternidad, y presentarte ante él en la sagrada consagración del ayuno!

El ayuno te llevará a la presencia del Señor mucho más rápido que cualquier otro tipo de consagración. La Biblia está llena de historias que demuestran que cuando nada más consigue una respuesta, el ayuno lo hace. Es la entrada a la corte del Altísimo.

Alguien debió enseñarle a Ester el valor del ayuno, porque, cuando ella y su pueblo estaban bajo una sentencia de muerte, sabía que si había alguna esperanza de liberación, tenía que presentarse ante el rey. El único problema era que no se le permitía entrar en el patio interior del palacio donde el rey estaba sentado en su trono. Su decisión de ayunar durante tres días sin comida ni agua resultó ser la clave exacta para encontrar el favor del rey, ya que al tercer día, cuando se acercó a su majestad, sin duda débil en las rodillas, se le concedió acceso a cualquier petición que quisiera. Esto últimamente condujo al rescate de su pueblo.

Si Ester hubiera tomado el camino más fácil de simplemente esperar a que Dios actuara a favor de su pueblo, la historia podría haber terminado de manera muy diferente. En lugar de eso, ella adoptó una postura y se presentó a sí misma, ¡y tú también puedes hacerlo! ¿Te enfrentas a un dilema que parece no tener solución? ¿Se te han acabado las opciones? ¿Te falta la gracia? ¿Está entre la espada y la pared y no sabes a quién recurrir? ¿Estás atascado en una rutina y no puedes orar para salir para salir de ella? Necesitas probar el ayuno. Te va a sorprender lo que Dios hará por ti al completar tu sacrificio de consagración.

EL JUEZ CAMBIÓ DE OPINIÓN

Añado la siguiente historia para mostrarte que el ayuno puede traer recompensas incluso cuando las probabilidades están en nuestra contra. Un amigo mío me informó una vez de que él y su esposa estaban en una amarga batalla por la custodia de dos de sus hijos con el ex esposo de ella. El juez había concedido previamente los hijos al ex esposo por problemas económicos de su señora. En cuanto se le adjudicaron los niños, el ex esposo informó a la madre de los niños de que ya no se les permitía ir a la iglesia ni siquiera mencionar a la iglesia o a Dios, y no se les permitía tener una Biblia. La madre siguió luchando por sus hijos, que querían desesperadamente estar con ella y volver a ir a la iglesia.

Cita en el juzgado tras cita en el juzgado, ella volvía a casa con la mala noticia de que su ex esposo seguía teniendo la custodia. Cuando se acercaba la hora de una última comparecencia ante el tribunal, su nuevo esposo, mi amigo y un gran hombre de Dios, me preguntó qué debían hacer. Mi respuesta fue inmediata: tenía que hacer un ayuno. Se sintió impulsado a ayunar durante diez días antes de la fecha del juicio y completó los diez días lleno de fe. La noche antes de la audiencia, me envió un mensaje de texto pidiendo oración, y le dije que oraría por ellos. Estaba al otro lado del país predicando en un avivamiento, pero haría lo posible por llevar la necesidad ante el Señor.

Al día siguiente, me avergüenza decir que olvidé mencionar su necesidad durante mi tiempo de oración. Por la tarde, bastante tiempo después de la comparecencia prevista en el tribunal, recordé la situación. Me sentí fatal y pedí perdón al Señor por haberme olvidado de cubrir la audiencia en oración. También pensé que las cosas no debían ir bien, pues seguramente ya habría tenido noticias suyas si hubiera habido algún cambio en la decisión. Aun así, sentí que el Señor me impulsaba a interceder, así que le envié un mensaje de texto a mi amigo diciendo que iba a orar. Su respuesta fue: "¡En el momento perfecto! El juez acaba de entrar en su oficina para decidir quién se queda con los niños".

Cuando vi ese mensaje, la fe me invadió y caí de rodillas, creyendo en un milagro de Dios. Envié un texto más, preguntando a mi amigo el nombre del juez, y cuando me contestó, empecé a pedirle al Señor que se acordara del ayuno de diez días de mi amigo y que enviara ángeles al despacho de ese juez para influir en su decisión. Tienes que creer que Dios te apoya cuando ayunas para conseguir un milagro.

El teléfono sonó una hora después y el identificador de llamadas anunciaba el nombre de mi amigo. Contesté y le oí decir: "Hermano, cuando llegamos hoy al juzgado nuestro propio abogado dijo que necesitábamos un milagro". Luego dijo que las últimas palabras del juez antes de entrar en su oficina para tomar la decisión fueron que no veía la necesidad de cambiar nada en la situación actual porque no había pruebas suficientes para revocar la sentencia. Pero cuando el juez salió de su oficina, dijo que había "cambiado de opinión", que revocaba la sentencia y que le devolvía los niños a la madre. Esto demuestra el poder del ayuno. Ni siquiera un juez puede resistirse al clamor de un espíritu en ayunas que anhela una respuesta. Los niños están ahora a salvo con la madre y mi amigo, su esposo.

ENTRA EN LA GLORIA

Como mencioné anteriormente en la introducción, Moisés entró en la gloria en este segundo ayuno y tuvo uno de los mayores encuentros con Dios que cualquier humano haya podido tener. Dios le mostró sus "partes traseras" o mejor dicho, su espalda. Yo (al igual que muchos estudiosos de la Biblia) creo que este es el lugar y el momento en que Dios mostró a Moisés sus actos creativos, y Moisés posteriormente registró los acontecimientos en el libro del Génesis. Dios también renovó un pacto con Moisés en la cima de la montaña. La lección que hay que aprender aquí es simplemente que si te consagras, cortas, cargas y subes, Dios creará un pacto contigo. ¡Dios tiene algo para ti al final de tu ayuno prolongado que dará valor a la escalada! Moisés estuvo en la gloria de Dios durante cuarenta días sin comida ni agua, y valió la pena.

La experiencia de Moisés nos enseña que cuando estamos cerca de la gloria de Dios, nos volvemos como una esponja. La gloria de Dios impregnó el rostro de Moisés hasta que brilló como el sol. Cuando bajó de la montaña, su rostro era demasiado brillante para mirarlo y tuvo que ponerse un velo para cubrir el brillo de la gloria que había impregnado su ser. No necesitó decirle a todo el mundo que había estado con el Señor; podían darse cuenta con sólo mirarlo. El ayuno puede cambiar la forma en que los demás te perciben. Algo en ti ha cambiado. Se podría llamar transfiguración.

LA TRANSFIGURACIÓN LLEGA A TRAVÉS DEL AYUNO

Más de mil años después de la muerte de Moisés, Jesús llevó a tres discípulos a la cima del monte de la transfiguración. En la cima de ese monte aparecieron Moisés y Elías y conversaron con Jesús. Según el relato bíblico, estos dos fueron las únicas personas, además de Jesús, que ayunaron durante cuarenta días. El rostro de Jesús brillaba como el sol, porque la gloria de Dios se estaba revelando. La misma gloria que una vez había iluminado el rostro de Moisés brillaba ahora a través de Jesús, y Moisés estaba allí para verlo. Hay un lugar en Dios donde siempre se está cerca de su gloria. El ayuno te lleva a ese lugar.

Ayunar para el Señor durante largos períodos de tiempo no

sólo cambiará la forma en que los demás te ven, sino que hará que busquen lo que tú ya has encontrado. Ellos conocieron al "viejo tú", pero ahora eres diferente. Ahora estás en sintonía con otro mundo. Ahora tienes un brillo en tu vida y saben que has estado en el lugar secreto del Altísimo. Has sido transfigurado. Así que sube, amigo mío. Es una subida gloriosa.

CAPÍTULO 10
Barcos en las profundidades

Se hicieron a la mar en sus barcos; para comerciar sur-
caron las muchas aguas. Allí, en las aguas profundas, vier-
on las obras del Señor y sus maravillas. (Salmo 107:23-24)

¿Cómo puedo profundizarme? ¿Cómo puedo llegar a los lugares de Dios de los que sólo he oído hablar o sobre los que he leído? Oigo preguntas como éstas todo el tiempo. De hecho, me he formulado las mismas preguntas. En este capítulo quiero llevarte a un viaje de tres días que tuve con el Señor, durante el cual respondió a estas y otras preguntas. Espero que esto ayude a alguien.

Debemos aceptar un proceso del Señor si deseamos habitar en las profundidades. No sólo nos salvamos y luego vamos a nadar en las profundidades del océano de Dios. Hay un viaje de crecimiento que todos debemos tomar para llegar a estos destinos.

También debe haber un hambre por las cosas más profundas. Demasiadas personas están satisfechas y conformes con sólo ser salvas; no tienen ningún deseo por las cosas que están disponibles si sólo invierten algo de sacrificio y deseo. Si la frase anterior te describe, entonces este capítulo no es para ti.

CUATRO FORMAS DE TENER HAMBRE

En mi viaje de tres días con el Señor, lo primero que me dijo fue que si quería profundizar, tenía que aumentar mi hambre espiritual. Las personas no pueden aumentar su hambre espiritual si primero no saben cómo desarrollar el hambre espiritual. Me mostró cuatro cosas que todo hijo de Dios puede hacer para desarrollar esa hambre.

Primero, desarrolla hábitos espirituales que te supongan un reto. Ve más allá de tus devocionales. Si tu ritual matutino es levantarte a las 6:00 a.m. todos los días, tomar una taza de café, leer una página de tu Biblia y luego susurrar una oración de treinta segundos al salir por la puerta, eso no es sacrificio; es rutina. Si no te desafía, no te cambiará.

Si deseas profundizar, tus devociones deben ser desafiantes. Por lo tanto, transforma tus devociones en consagraciones. Esa es la mejor manera en que puedo describirlo. Toma tu rutina y añade el ingrediente del desafío. La palabra, la oración y el ayuno son tres cosas inmediatas que deben venir a la mente. Aumenta tu lectura diaria de la Biblia. (Nota: los programas B.R.E.A.D están bien, pero no son un reto). Ora más de treinta segundos. Ayuna más que una merienda a media mañana después del desayuno. Puedes hacerlo. Desafía tus devociones. Dite a sí mismo que tiene más hambre de su palabra.

Segundo, aprende a aplicar estas consagraciones a largo plazo. Cualquiera puede buscar desesperadamente de Dios durante unos días, pero los soldados que siguen en pie al final de la guerra son los que transformaron su sacrificio temporal en un estilo de vida consagrado. Encuentra el lugar en Él donde no te satisface un encuentro momentáneo por un breve deseo de Él, sino un hambre interminable de profundizar en su presencia. Es posible envolverse en la presencia de Dios pensando en formas de captar su atención.

Anota las consagraciones para que puedas leerlas a diario y reflexionar sobre ellas a lo largo de cada jornada. Si transformas tu sacrificio en una vida consagrada, dentro de un año (si el Señor se demora) tu vida será muy diferente.

Tercero, habla con alguien que esté más hambriento de Dios que tú, porque su gran hambre por el Señor es contagiosa. Nunca he estado cerca de alguien que anhelara la atención de Dios sin que eso me afectara. Hay algo en este tipo de personas que me hace querer profundizar. Cuando alguien que es consumido por crecer en el Señor comienza a hablarte, sus palabras encenderán un fuego dormido en tu alma. Te sentirás desafiado, y sentirás el deseo de unirte a la búsqueda. El hambre es un fuego consumidor que está constantemente buscando a otros para impactar y contactar.

Por último, lee los libros, escucha las voces y observa a los guerreros que habitan en aguas más profundas que tú. Tal vez te preguntes cómo sabrás cuando alguien ha profundizado en Dios más que tú. He encontrado tres formas sencillas de averiguarlo.

Primer punto, su vida e incluso el sonido de su voz te convencerán. Cuando alguien tiene una presencia que te trae convicción, es una señal de que ha estado nadando en aguas más profundas. Necesitas que la voz de la convicción esté cerca si va a haber una mayor consagración. No dejes que tu carne te mienta y te convenza de que puedes estar consagrado sin convicción.

Segundo punto, la persona que está en aguas más profundas tendrá un camino con Dios que te hará tener hambre de más.

Si el simple hecho de estar cerca de alguien te hace querer ir a orar, entonces sabes que está nadando en aguas más profundas. Por ejemplo, cada vez que mi esposa y yo estamos cerca de Joy Haney, gran intercesora y autora durante tantas décadas, sentimos como si acabara de salir de un ferviente encuentro de oración para hablarnos.

Tercer punto, la persona que habita en aguas más profundas atraerá tu respeto con su sabiduría y experiencias. Te sobrevendrá la reverencia por su caminar y su sabiduría. Cuando estés cerca de esta persona, algo en ti te susurrará que guardes silencio y que te alimentes de sus batallas o de su misma presencia. Si el teléfono suena y ves su nombre, contestas la llamada sin importar donde estés. Este sentimiento es una bendición del Señor que viene a ti en forma de un encuentro con la grandeza.

Cada vez que alguien de esta magnitud se conecta contigo en cualquier nivel, probablemente es una prueba para ver si estás interesado en crecer más allá de donde te encuentras actualmente. La persona que produce respeto en ti muy probablemente no se dará cuenta de que está siendo utilizada como un recipiente para probarte, porque la prueba ha sido enviada por el Señor. En otras palabras, es como un barco que pasa por delante de ti en la noche en su camino hacia aguas más profundas, y tú eres testigo del encuentro. El encuentro, sin embargo, tiene una pregunta adjunta cada oportunidad. Normalmente esa pregunta es: "¿Quieres ir más profundo?". Nunca subestimes las oraciones, las conversaciones, las llamadas telefónicas, los mensajes de texto o los correos electrónicos de personas que se mueven como barcos en las profundidades. Ya no hay muchos de ellos, así que espera con expectativa. Al fin y al cabo, cuando el estudiante esté preparado, aparecerá el maestro.

SE UN BARCO, NO UNA CANOA

Si deseas ser como una nave marítima y viajar a través de las profundidades del océano, es imperativo que en su caminar con Dios desees ser un recipiente para honra, como lo describe Pablo. Se un recipiente que Dios pueda llevar a cualquier lugar en cualquier momento.

En otras palabras, sé un barco, no una canoa. Los barcos pueden soportar los vientos y las olas más fuertes, pero las canoas se pueden volcar con la menor resistencia. En un barco, puedes caminar, correr y saltar y el barco no alterará su curso. Si intentas hacer esas cosas en una canoa, espero que sepas nadar. Un movimiento en falso en una canoa y el viaje habrá terminado. Desea ser una embarcación que pueda abrirse paso a través de la más fuerte de las tormentas o del más profundo de los mares. Pide al Señor que te lleve a lugares de los que sólo has oído hablar. Creo que lo que estás atravesando en este momento es Dios construyendo en ti una navegabilidad para aguas más profundas. Dios te está elevando de una canoa en el río a un barco de guerra en el océano. Vienen grandes cosas, ¡así que no falles en el entrenamiento!

Los barcos requieren un inventario mucho mayor para su travesía que las embarcaciones más pequeñas. Desde las anclas hasta el lastre, desde las radios hasta las bengalas, desde los extintores hasta los chalecos salvavidas, hay una carga pesada que el barco debe llevar en cada esfuerzo. No importa si se trata de un barco de crucero o un barco de guerra; la carga suma un número asombroso de toneladas. Si quieres aventurarte en aguas más profundas, debes estar dispuesto a llevar una carga pesada. Si todo tiene que ser perfecto en tu mundo antes de que ores o ayunes, todavía no eres un barco. La carga que llevas, aunque a veces sea estresante, contiene las virtudes que te han sido dadas para sobrevivir navegando por las profundidades. Lo que a menudo te pesa es en realidad el ancla que necesitarás si la corriente se vuelve demasiado fuerte o las olas demasiado tempestuosas.

Si estás bajo una carga pesada que sientes que está limitando tu potencial, aprende a usar la carga como tu combustible. La carga que no quieres soportar más tiene que encontrarse con el "tú" que sabe decir: "Estoy hecho para esto". Puede que otros no sean capaces de llevar esta carga (o debería decir esta cruz), pero tú estás hecho para este momento.

¿Recuerdas cuando el ayuno de Ester salvó a su pueblo? Ella entró en ese ayuno con una palabra del Señor que fue hablada a través de su primo Mardoqueo. El dijo que su pueblo cautivo al que ella cuidaba desesperadamente iba a ser liberado por alguien; si sería ella o alguien más estaba por verse. Mardoqueo dijo que si ella no seguía adelante, Dios recurriría a una fuente diferente para efectuar la liberación de su pueblo. Entonces pronunció la frase más motivadora que ella escucharía en toda su vida: "¿Y quién sabe si para esta hora has llegado al reino?" (Ester 4:14).

En otras palabras, "Ester, es hora de ir por todo o nada. Esta carga de preocupación que estás llevando necesita ser transformada en un ayuno lleno de fe para obtener la respuesta". La respuesta llegará a quien evalúe el peso de la circunstancia y decida salir de la dudosa carne y entrar en el espíritu de la fe. Dios te ayudará una vez que vea que no vas a renunciar sólo porque la carga es pesada. Recuerda quién eres y de quién eres. Nunca te conformes con la mediocridad de remar en un estanque cuando tu destino es el océano. Sé un barco, no una canoa.

COMO ZARPAR

Zarpar a las profundidades de la consagración requiere varias acciones de tu parte como creyente. Primero debes humillar tu alma desarrollando una vida de oración consistente. No esperes que el Señor te permita ayunar mucho tiempo si nunca oras. El mundo espiritual te masticará y te escupirá -o tu propio orgullo te consumirá. Una de las escrituras más poderosas sobre lo que debes esperar en tu vida se encuentra en Proverbios:

> *Antes del quebrantamiento se eleva el corazón del hombre, y antes de la honra es el abatimiento.* (Prov. 18:12, RVR60)

Este versículo lo dice todo. Puedes saber lo que está a punto de suceder en tu vida por la forma en que se presenta tu corazón. Si tu corazón es altivo (elevado o exaltado), puedes esperar un choque a la vuelta de la esquina. Sin embargo, si estás trabajando en humillarte diariamente, puedes esperar que el favor de Dios llegue.

Es vital que desarrolles una vida de oración consistente. Es como desatar la cuerda que te mantiene amarrado al muelle de la carnalidad. Vivir en comunicación diaria con tu creador te permite adentrarte en corrientes más profundas. La oración matutina es un intento aún más diligente por parte del creyente de adentrarse a las profundidades. Levantarse antes que el sol para recibir tu asignación envía una señal a las profundidades de que te estás adentrando ese día. La oración matutina declara: "Hoy me dejaré guiar por el Espíritu".

Si la oración matutina es zarpar desde el muelle, entonces el ayuno es definitivamente la corriente subterránea que te arrastra a las profundidades. Es la fuerza invisible bajo la superficie de tu vida que te hace escuchar, ver y vivir los sueños que sólo pueden aparecer a los consagrados. El ayuno provoca un movimiento en el Espíritu. Hace que la embarcación se adentre en aguas desconocidas y experimente las maravillas de las profundidades.

SECRETOS PARA HABITAR EN LAS PROFUNDIDADES

Una cosa es entrar en aguas profundas y otra muy distinta es habitarlas. Cuando un barco zarpa desde la costa, tarda en llegar a las aguas más profundas; suele ser un proceso lento. Sin embargo, si el barco navega lo suficientemente lejos en el mar, el océano ocultará el barco a los espectadores que se encuentren en la orilla. En otras palabras, tu embarcación debe ocultarse en las profundidades si pretende perdurar en ellas. A continuación se presentan tres atributos que son esenciales para vivir en las aguas profundas del Espíritu.

Humildad. Si todos pueden verte, no estás lo suficientemente lejos de la orilla. La humildad es el submarino de la guerra espiritual, y debe convertirse en el foco principal de una nave hambrienta que desea más. La humildad te esconde en las corrientes del Espíritu y te preserva en el océano de su propósito.

Una de las formas más rápidas de invertir el rumbo y volver a las aguas poco profundas es volverse competitivo con otros barcos en las profundidades. La competencia es a menudo el asesino silencioso de los ministerios profundos que no duran. Una manera poderosa de matar el espíritu de competencia es a través de la conexión. Y si la conexión mata la competencia, se deduce que la competencia mata la conexión. Aclaro ese trabalenguas diciendo que probablemente no competirás con alguien con quien te sientas conectado o unido. Al contrario, puede que compitas con alguien con quien no sientas ninguna conexión.

Enfoque externo. Un hijo de Dios con mentalidad misionera usualmente estará enfocado en ser una bendición para otros y no en oponerse a ellos con celos. Es vital que mantengas viva tu consagración diaria para que no pases de ser un barco de guerra a ser un barco de crucero. No estás en las profundidades para disfrutar de los banquetes; estás allí para hacer tu parte en la guerra por la humanidad. Debes ver a quienes están perdidos salvados a cualquier costo.

Tenacidad. Una persona que es tenaz es extremadamente persistente en adherirse o hacer algo. El hecho de que hayas ganado camino hacia las aguas profundas de la revelación con consagraciones pasadas no significa que pueda morar allí en la carnalidad. El recipiente debe estar continuamente buscando ir más profundo. Pablo nos dijo que él moría diariamente. No dio nada por sentado y tú tampoco deberías hacerlo. Debes esforzarte por no dejar nunca de buscar el rostro de Dios.

CRECER MIENTRAS AVANZAS

El camino más rápido hacia lo profundo es también el más lento. Me encuentro con muchas personas que quieren un curso intensivo para acceder a las cosas profundas de Dios, pero no tienen ningún interés real en participar en el proceso completo de crecimiento. Si alguna vez hubo una mentalidad espiritual de microondas que consume a una generación, definitivamente es a esta generación. Algunos asumen que si oran quince minutos y ayunan a la hora del desayuno se merecen un ministerio como el de Juan el Bautista. ¿Por qué querría alguien omitir la experiencia completa? Es hora de abrazar el proceso de crecimiento y darse cuenta de que casi todas las lecciones de crecimiento implican tomar tiempo para desarrollarse. El Señor es misericordioso con sus hijos en el sentido de que nos protege de ver demasiado rápido. Crecer en el Señor a diario, con constancia y buscando siempre su presencia es la forma adecuada de sumergirse en revelaciones más profundas sobre él y en encuentros más íntimos con él. Crece en lo profundo. Tómate tu tiempo. Sé siempre un estudiante y ayuna siempre que puedas.

AYUNA CON FE

Sólo se puede llegar hasta cierto punto en el reino de Dios sin ayunar. Sí, creo en "darse un banquete" y creer, pero también creo en "ayunar" y creer. Verbal Bean declaró una vez que no sentía la necesidad de orar tan a menudo mientras ayunaba, ¡y eso que oraba mucho! Dijo que tenía tanta fe en el ayuno que estaba haciendo. Y concuerdo. Es más difícil tener una oración ferviente en un ayuno prolongado que tener una oración ferviente cuando el cuerpo está ingiriendo alimentos. También creo que si te adentras a un ayuno prolongado con una carga de fe de un barco de guerra, verás resultados de ese ayuno que no podrías alcanzar a través de ningún encuentro de oración.

Hay algo en el ayuno con fe que te acerca al Señor. Realmente creo que recibiré aquello por lo que tengo la fe de ayunar. También creo que si estoy orando con fe por algo antes de ayunar y no está siendo respondido, entonces la respuesta no es necesariamente no, sino que la respuesta está en un ayuno que puede abrir la puerta. Debes entrar en un ayuno prolongado con confianza plena en que vas a obtener la respuesta que buscas. Dios honra ese tipo de fe. Utilizo los términos "fe de oración" y "fe de ayuno".

Una persona que ora con desesperación y emoción es sincera en su búsqueda de la respuesta, pero el ayuno adormece los sentimientos y las emociones y eleva la sinceridad a un nivel superior al que una persona puede alcanzar sólo con la oración. Quizás no sientas que te acercas al Señor o a su favor durante el ayuno, pero ignora esos sentimientos. Nunca estarás más serio, más enfocado y más desesperado que cuando estás en un ayuno. Tu carne está perdiendo el control del resultado que se avecina, y el Señor te está observando con favor en sus ojos. No te castigues durante el ayuno si no puedes sentir nada ese día en la oración. Ten fe en tu ayuno, no en tus sentimientos. Ten fe en Dios, no en tus emociones.

Cuanto más largo sea el ayuno, mayor deberá ser tu fe para recibir respuestas concretas. Creo que cuando se trata de recibir respuestas y el favor de Dios, nada puede reemplazar el ayuno. Sé cuando me estoy poniendo serio sobre una respuesta que necesito si ayuno sobre ella. Ayunar sobre una petición de oración anterior es como decir: "Ahora voy más en serio, Señor". Ayunar es decirle al Señor lo importante que son para ti tus peticiones anteriores en la oración. También es quitar el orgullo carnal dentro de ti (que desea tomar la gloria por la respuesta) porque ahora sabes que a menos que mueras en el altar de un ayuno, no obtendrás la respuesta. Tu vida nunca será la misma una vez que añadas el elemento de la fe al ayuno. Las personas que intentan ayunar sin fe generalmente no obtienen su respuesta. Se específico con el Señor y cree que obtendrás la respuesta.

El barco eres tú, el motor es la oración, la corriente de fondo es el ayuno y el combustible es la fe. Sé un barco que ora constantemente, ayuna con frecuencia y está constantemente lleno de fe. Las aguas profundas esperan tu llegada.

CAPÍTULO 11
Los Secretos sobre las Fortalezas

Las armas con que luchamos no son del mundo, sino que tienen el poder divino para derribar fortalezas. Destruimos argumentos y toda altivez que se levanta contra el conocimiento de Dios, y llevamos cautivo todo pensamiento para que se someta a Cristo. Y estamos dispuestos a castigar cualquier acto de desobediencia una vez que yo pueda contar con la completa obediencia de ustedes. (2 Cor. 10:4-6)

Este capítulo es el resultado de una declaración que me hizo mi pastor, Brian Kinsey, sobre la vida mental de una persona. Él dijo: "Las fortalezas del enemigo en la vida de las personas se desarrollan a través de brechas creadas por algo que ha sucedido en su vida". Cuando me dijo eso, mi mente comenzó a perseguir esta revelación, y ahora tengo el privilegio de transmitírsela. ¿Estás listo para derribar tus fortalezas?

Las armas en el mundo espiritual no son bombas, misiles y pistolas; son palabras. El mundo en el que vivimos fue hecho por la palabra del Señor. Él habló, y las cosas se manifestaron. Las palabras son tan importantes en los cielos que cuando el arcángel Miguel luchó contra el diablo, Lucifer, por el cuerpo de Moisés, la guerra fue de palabras. Las palabras tienen peso, y tanto el cielo como el infierno desean ser engrandecidos por las palabras de nuestra boca.

Cuando Satanás se acercó a Jesús al final de su ayuno, tentándole a convertir las piedras en pan, Jesús dijo: "No sólo de pan vive el hombre, sino de toda palabra que sale de la boca de Dios." Las palabras pueden traer la vida, y las palabras pueden traer la muerte. Las palabras pueden capacitar, y las palabras pueden incapacitar. Las palabras tienen el poder de producir confianza, y las palabras tienen la capacidad de producir condenación. Las palabras pueden despertar la fe, y las palabras pueden causar miedo.

Nuestras palabras son producto de nuestros pensamientos. Mateo escribió: "De la abundancia del corazón habla la boca" (12:34). Lo que vive dentro de nosotros, en última instancia, sale de nosotros. Las palabras son armas que pueden ser usadas para magnificar el cielo o el infierno. Cuando nuestras palabras son guiadas por el Espíritu, edifican a otros; cuando nuestras palabras son impulsadas por la carne, tendemos a empujar a otros hacia abajo.

Nuestras armas no son carnales sino poderosas por medio de Dios para derribar fortalezas. Nuestras palabras funcionan mejor cuando son guiadas por el Espíritu de Dios. Sin embargo, si no estamos siendo guiados por el Espíritu, nuestras palabras revelarán fortalezas en nuestras vidas personales.

Antes de hablar de dónde se encuentran las fortalezas del enemigo, descubramos qué es una fortaleza. "Fortaleza" en el griego original es la palabra ochyroma, que significa un castillo o una fortificación. Cuando escuchas a alguien predicar sobre una fortaleza que el enemigo tiene en la vida de alguien, significa que el enemigo está construyendo un castillo o una fortificación en el mundo de esta persona. Si alguna vez has orado para que el Señor derribe fortalezas en tu iglesia o en tu familia, estabas orando para que el Señor invada las fortificaciones del infierno.

Lo que es aún más problemático para mí que el hecho de que el infierno está tratando de construir estos castillos en la vida de las personas es descubrir la ubicación de estas fortificaciones. La palabra de Dios revela los lugares donde se están construyendo estas fortalezas. (Ver 2 Cor. 10:4-6 arriba.) Claramente, el enemigo está construyendo castillos en nuestras mentes a través de nuestros pensamientos. Los pensamientos pueden venir a nosotros desde el enemigo, y podemos reprenderlos y hacer que se vayan o podemos permitir que permanezcan y comiencen a construir la fortificación del infierno en nuestro interior. La brecha en nuestra defensa que se abrió a través de la prueba o el trauma ahora se convierte en el camino a través del cual el infierno gana la entrada en nuestra mente. Al reflexionar sobre el pasaje de 2 Corintios 10, empecé a ver cómo un pensamiento puede convertirse en una "altivez". En el griego una "altivez" significa algo elevado. Pablo estaba usando el término para describir los pensamientos que vienen del enemigo y se oponen al conocimiento de Dios en la vida de una persona. Si estos pensamientos no son cuestionados, se instalarán en la mente de una persona, y antes de que la persona lo sepa, estos pensamientos comenzarán a elevarse. En poco tiempo, lo que una vez fue un susurro del infierno se convierte en una bola de demolición dentro del castillo (fortaleza) en la mente de la persona, todo porque el pensamiento no fue reprimido.

Un ataque de pánico, por ejemplo, es simplemente un pensamiento que se transformó en altivez por uno permitirle quedarse en su mente. Un arranque de ira puede ser causado por un pensamiento que, cuando se ignora en lugar de tratarlo, cobra fuerza. Mientras más tiempo se le permite permanecer, la fortaleza más se cimienta. Las investigaciones demuestran que las adicciones perjudiciales pueden remontarse a la vida de la mente, porque, si se le permite el acceso al susurro, inmediatamente comienza a construir una fortificación aparentemente indestructible.

La palabra de Dios instruye que debemos llevar cautivo todo pensamiento a la obediencia de Cristo. En el griego, "llevar cautivo" significa mandar al cautiverio. Es la voluntad de Dios que revisemos los pensamientos en la puerta de nuestra mente antes de permitirles el acceso a nuestro espíritu. Creo que Dios quiere que detengas las cosas que están tratando de entrar en tu vida a través de tus pensamientos. Dios no detendrá tus pensamientos por ti; depende de ti detener intencionalmente los pensamientos que vienen a ti hasta que descubras de qué reino vienen. Claramente, la mayoría de tus pensamientos no vienen ni del cielo ni del infierno, pero la sensibilidad y la sabiduría espiritual deberían alertarte cuando los pensamientos destructivos entran en tu mente.

Si has ignorado un pensamiento destructivo y has permitido que se instale en su mente, ese pensamiento no puede ser simplemente reprendido y luego disuelto; debes arrepentirte de ello si quieres eliminarlo. El arrepentimiento solicita la intervención de Dios en una situación que tú mismo no puedes cambiar. Una vez más, si el pensamiento que esta por entrar se precipita sin represión, lo considerará una invitación para irrumpir. Para deshacerse de ese pensamiento, hay que arrepentirse de él. Cuanto más tiempo permitas que un pensamiento destructivo o pecaminoso permanezca en tu mente, menos efecto tendrá su represión. Reprender los pensamientos funciona en la puerta principal, ¡no en el sótano! Comienza a revisar tu vida mental, y te encontrarás reprendiendo al enemigo diariamente y arrepintiéndose de cosas que habías olvidado y que están viviendo en su espíritu. Establece un punto de control en el que todos los pensamientos deben detenerse antes de acceder a tu mente.

Jerusalén, limpia de maldad tu corazón para que seas salvada. ¿Hasta cuándo hallarán lugar en ti los pensamientos perversos? (Jer. 4:14)

NO OLVIDES PERDONAR

Una vez eliminado un pensamiento destructivo, debe ser sustituido por su equivalente: la ira debe ser sustituida por la dulzura; el pánico debe ser sustituido por la confianza; la distracción debe ser sustituida por la palabra.

El arrepentimiento puede resolver todos los problemas, y comienza en la vida de la mente. Sobre todo, recuerda perdonar, porque el perdón es una parte importante del arrepentimiento. A veces, el mayor arrepentimiento que podemos hacer es perdonar a alguien.

Estoy aprendiendo que cuanto más tiempo haya supurado la herida, mayor debe ser el acto de perdón. Por ejemplo, algunas personas pueden necesitar sólo un "lo siento por lo que dije", mientras que otras pueden necesitar una bendición que acompañe a la disculpa (por ejemplo, económica o algún otro acto bondadoso). (Véase Romanos 12:17-21 sobre cómo vencer el mal con el bien). Dar es parte del perdón, y a veces necesitamos ir más allá de la disculpa y bendecir a la persona que estamos perdonando. Es muy difícil guardar rencor contra alguien a quien bendecimos, especialmente si recibe la bendición con agradecimiento. El punto es que el perdón debe reemplazar al odio en nuestros pensamientos si alguna vez va a cambiar algo o alguien con quien nos relacionamos en nuestro mundo.

El perdón no sólo puede sanar las enfermedades de la mente y las emociones, sino que también puede ayudar a sanar las enfermedades del cuerpo. A menudo las personas sufren un gran dolor interno, especialmente en la región del estómago, cuando hay un asunto no resuelto con otra persona en su vida. El contraste es sorprendente: hay vida y sanación en el perdón, pero hay muerte y enfermedad en la falta de perdón.

EL AYUNO OBLIGA A PERDONAR

Una de las razones por las que el ayuno es poderoso es que obliga a perdonar; es decir, obligará a perdonar si el motivo del ayuno es llevado a cabo con verdadera humildad. Si hay un asunto sin resolver con un hermano, se nos instruye para que dejemos el sacrificio que estábamos trayendo a Dios y vayamos a arreglar las cosas con nuestro hermano. El ayuno hará que problemas del corazón floten a la superficie para que el bálsamo de una acción humilde pueda comenzar el proceso de sanación. El ayuno exige que el rencor sea reemplazado por la gracia, que el odio sea reemplazado por la humildad, y que la amargura sea reemplazada por la bendición.

Sustituir los pensamientos negativos por los positivos es más fácil de decir que de hacer, pero es posible si entrenas tu mente para que se convierta en un conducto de alabanza en lugar de un conducto de dolor. Aprende el arte de enseñar a tu mente a alabar al Señor incluso antes de que lo haga tu boca. Una persona que constantemente alaba a Dios en su mente es muy difícil de derrotar para el enemigo. Las personas que alaban a Dios en su mente se creen felices, como lo hacía Pablo en Hechos 26. Si estás teniendo problemas para entrenar tu mente para que sea positiva y feliz, tal vez la siguiente instrucción de Pablo te ayudará a desarrollar una estrategia que funciona.

> *Por último, hermanos, consideren bien todo lo verdadero, todo lo respetable, todo lo justo, todo lo puro, todo lo amable, todo lo digno de admiración, en fin, todo lo que sea excelente o merezca elogio.* (Fil. 4:8)

EL RESULTADO DE UN PENSAMIENTO DE DIOS

Finalmente, necesitas desear habitar en la dimensión de vivir de los pensamientos de Dios para tu futuro. Lo creas o no, Dios piensa en ti todo el día, todos los días. Sí, eres así de especial para él y tiene grandes planes para tu vida, planes que quizás aún no conozcas. Si puedes reprender los pensamientos del infierno que intentan invadir tu presente y arrepentirte de los pensamientos que han habitado en el sótano de tu pasado, puedes reemplazarlos con pensamientos de tu futuro. Esos pensamientos sólo pueden venir de tu creador.

> *Porque yo sé los pensamientos que tengo acerca de vosotros, dice Jehová, pensamientos de paz, y no de mal, para daros el fin que esperáis.* (Jer. 29:11)

La última frase de este versículo me impresiona. Los pensamientos de Dios hacia nosotros son enviados para darnos un final esperado. En el hebreo original, la palabra "esperáis" es tiqvah, que significa cuerda, esperanza, cosas esperadas y resultado. Si alguna de estas definiciones te resulta familiar, quizás te venga a la mente Hebreos 11:1 "Es pues, la fe la certeza de lo que se espera, la convicción de lo que no se ve". Aparentemente, la fe es tener esperanza de algo y esperar que suceda. Y lo que es más sorprendente, si este versículo se combina con Jeremías 29:11, nos damos cuenta de que si tenemos fe en algo que es la voluntad de Dios para nuestras vidas, ¡lo que llamamos "fe" es en realidad un pensamiento de Dios con respecto a nuestro futuro!

¿Necesitas más claridad? Dios tiene un pensamiento sobre ti y tu futuro. Él deja caer ese pensamiento hacia ti y de repente empiezas a tener fe en que ese pensamiento de Dios se producirá. En otras palabras, tu fe es un producto de los pensamientos de Dios. El resultado es lo que sea que le estés creyendo a Dios. Ayunar con fe es simplemente decir: "Dios, quiero tus pensamientos para mi vida tan desesperadamente que pondré todo y cualquier cosa a un lado para conseguirlos". No hay nada más importante que hacer que sus pensamientos se conviertan en tu realidad. El ayuno hace que eso suceda.

Todo lo que deseas ser para el Señor y todo lo que deseas verlo hacer en tu vida está disponible a través de la vía del ayuno. El ayuno le dice a tus pensamientos que eres inadecuado, pero que alguien mucho más que adecuado puede hacer que tus sueños se hagan realidad para su reino. El ayuno es una máquina aplastadora de castillos, y el infierno lo teme inmensamente. El ayuno cambia tus patrones de pensamiento y pasas de dar vueltas al pasado a imaginar el futuro.

Descubrirás que es difícil que tu mente se concentre en lo malo que ha sido el pasado cuando haces que tu cuerpo ayune por algo que te espera en el futuro. El ayuno realmente transforma la mente. Libera endorfinas (hormonas positivas) y no cortisol (hormonas negativas). Estarás entusiasmado en lugar de deprimido porque la corriente subterránea del desánimo ha sido arrancada y tus pensamientos te adentran hacia las nubes del destino. El ayuno impregnará tu discurso y, en última instancia, tu vida de pensamiento. El ayuno hace que las reacciones impulsivas sean calmadas por el Espíritu del Señor. Un ayuno lo suficientemente prolongado te sacará del pensamiento carnal y del habla carnal y te conectará con los pensamientos de la mente de Dios y las palabras de vida. El ayuno revela lo que está latente en el sótano de tu alma y exige que acciones.

El ayuno elimina el desorden del pensamiento carnal y revela el tesoro de una vida de pensamiento triunfante. No hay mayor victoria que ganar que la de la vida mental. El ayuno forzará la cuestión y te hará cambiar la forma de pensar y por lo tanto de hablar. No hay un lugar en tu vida que sea lo suficientemente profundo para esconderse de un ayuno. El ayuno literalmente buscará en las grietas de tu vida y revelará cada pensamiento que se ha convertido en un ladrillo en la fortaleza interior.

La fortaleza que se ha construido en tu mente sólo puede ser destruida por una invasión enfocada. El ayuno es el ariete que derriba la puerta y embiste al enemigo. Es bueno ayunar hasta que cada pensamiento sea forzado a someterse a la voluntad de Dios para tu vida. Tu estómago le dirá a tu mente al principio del ayuno que esto no tiene sentido y que deberías rendirte y comer. Tu mente lo contemplará, pero el poder del ayuno llevará esos pensamientos cautividad porque algo más grande está en juego: ¡tu destino! El ayuno te desconectará de lo que eras y te conectará con lo que estabas destinado a ser. Sólo pregúntale al apóstol Pablo.

No se limitó a dejar el mundo de la violencia y entrar en un ministerio de victoria. Entre dejar lo que era y convertirse en lo que estaba destinado a ser había un ayuno de tres días sin comida ni agua. Su futuro, su visión y su destino dependían de esa ventana de tres días en la que negaría a su carne la misma fuente de la que dependía para sobrevivir. A veces se necesita una conversión y un ayuno para entrar realmente en tu futuro.

El ayuno hace que las aguas estancadas del presente sean limpiadas por la corriente del futuro. Cuando los creyentes entran en un ayuno, la esperanza comienza a respirar en su corazón. Lo que están pasando de alguna manera será alterado por lo que están conectando en este ayuno.

Hay una resiliencia para tu futuro que puede ser restaurada sólo a través de un ayuno prolongado. Si sientes que has llegado a la cúspide del plan de Dios para tu vida y ahora estás en la posición mental de descenso, es hora de ayunar.

Ayunar es dejar la tierra en tu espíritu para acercarte a la sala del trono del Rey de reyes para liberar tu petición. Tu cuerpo permanece en la tierra y siente el efecto de la falta de confort terrenal, pero tu espíritu se eleva a los cielos esperando un avance divino. Ayunar es, ciertamente, acercarse al rey con una desesperación imparable que exige una respuesta. El ayuno declara: "Podría morir, pero conseguiré una audiencia con el gobernante antes de hacerlo". Pregúntale a Ester, que dijo: "De alguna manera voy a entrar en esa sala del trono para exponer mi petición, y si perezco, pereceré". El infierno odia y teme el poder de la petición. La queja más fuerte que los adversarios de

Daniel tenían contra él era que ofrecía peticiones a Dios tres veces al día. No estaban molestos sólo porque oraba, sino que estaban molestos por el momento en que oraba, que era varias veces al día. En la sala del trono, el ayuno es la petición de una necesidad una y otra vez. Esto vuelve loco al enemigo. ¿Quieres una respuesta? Busca las peticiones mientras ayunas.

CAPÍTULO 12

Una misión por la que vale la pena ayunar

L a mayor pesadilla del infierno es un hijo de Dios en una misión. Una persona con la intención de ponerse en la brecha y marcar la diferencia en el reino de Dios es considerada una amenaza entre los demonios. Por otra parte, las personas que se sientan de brazos cruzados, pensando en llegar al cielo gracias a la consagración de otros, no molestan al enemigo en absoluto. Sin misión, no hay amenaza.

Una de las mayores misiones que se registran en las Escrituras se encuentra en el libro de Nehemías. A pesar de llevar una vida cómoda como copero del rey Artajerjes en el palacio persa de Susa, algo no andaba bien para Nehemías. Años antes, su ciudad natal, Jerusalén, había sufrido una gran desgracia; las murallas habían quedado reducidas a escombros y las puertas habían sido quemadas hasta los cimientos, dejando a los habitantes indefensos. La mayoría de la población que vivía allí cuando fue tomada había sido capturada o asesinada por Nabucodonosor, rey de Babilonia.

Ahora sus hijos y nietos vivían allí bajo una gran recriminación y aflicción.

El día que Nehemías se dio cuenta de que su pueblo estaba sufriendo, su mundo se oscureció. Ya no se contentaba con su cómoda posición en el palacio. Ya no se conformaba con "servir al mundo" cuando había un mundo que podía salvar.

Una pregunta rápida al lector: ¿Tu misión implica servir al mundo o salvar al mundo? No me refiero a que si no estás predicando no estés alcanzando; me refiero a si, ¿estás alcanzando a alguien, en cualquier lugar? ¿Estás preocupado por un compañero de trabajo o sólo estás allí para hacer tu trabajo y recibir un cheque? Una misión de Dios te mantiene orando, clamando y esperando un milagro. Una misión de Dios te motivará a consagrarte. Una misión divina viene con una carga pesada y una dependencia de Dios para estar en la brecha que tu inteligencia, sabiduría, personalidad, finanzas, apariencia y carisma no pueden llenar. Si Dios no ayuda, la misión fracasará. Por eso la llamo misión divina. Requiere la guía de Dios y su participación constante para que la misión tenga éxito.

Nehemías sabía que su posición en el palacio no le daba suficiente influencia para ayudar a reconstruir las murallas de Jerusalén. Incluso con un sello de aprobación de su soberano, sabía que una misión de esa magnitud requeriría el favor divino. Si iba a tener éxito, necesitaba la autorización celestial. Nehemías sabía cómo llamar la atención de Dios: inmediatamente comenzó un ayuno.

Espero que hayas captado esta última frase porque nada ha cambiado. Si crees que Dios te envía a una misión, haz un ayuno para confirmar la autorización. Si sientes que Dios te llama a una misión, el ayuno será la firma de las órdenes que recibas. O bien confirma que tu misión está en la voluntad de Dios y te da luz verde, o bien te da luz roja, y tienes que parar y esperar. Puede que hayas escuchado la llamada a la misión, pero puede que sea el momento equivocado para tu expedición.

Nehemías ayunó por el dolor que sentía por la gente que sufría en su amada Jerusalén. Su respuesta sería si el rey aprobara el deseo de Nehemías de ir a reconstruir los muros. Ayunar por dolor a menudo lleva a ayunar por un propósito. No sólo esperas que Dios se mueva; esperas que te conecte con el milagro y te permita ser parte de la restauración.

Después de que Nehemías consiguiera la autorización de su rey celestial para ir a la misión, el rey persa no tardó en hacer lo mismo. Proverbios 21:1 nos dice que el corazón del rey está en la mano del Señor. Si Dios autoriza tu misión, ningún poder terrenal podrá oponerse a su decisión. Su palabra no volverá a él anulada. Cumplirá la misión para la que ha sido enviado. Independientemente de que Nehemías esperara resultados inmediatos en este momento, se dio cuenta de que el ayuno puede hacer que las misiones sean puestas en acción inmediatamente. Él estaba viendo de primera mano que cuando una persona ayuna, obtiene la confianza de que la voluntad del hombre se rendirá a la voluntad de Dios, y la voluntad de Dios seguramente se cumplirá. Artajerjes comisionó a Nehemías para que fuera a revisar los muros derruidos de Jerusalén y lo autorizó a reconstruirlos. Para ponerlo desde otra perspectiva, ¡el ayuno te dará más resultados de los que soñaste!

Aunque la misión de Nehemías no sería fácil, había sido preaprobada por el rey. El ayuno hará que las cosas sean preaprobadas para tu destino a pesar de la enormidad de la oposición. El enemigo estaba dispuesto a abortar la misión de Nehemías, pero la misión ya había sido autorizada por un poder superior. La próxima vez que el infierno intente abortar lo que sientes hacer por Dios, recuérdale al enemigo que estás en una misión divina que ha sido preaprobada por el rey eterno. La misión que Dios ha planeado para tu vida se va a manifestar sólo después de que ayunes en la fe de que eres verdaderamente elegido para cumplirla.

PREGUNTAS DEL INFIERNO

Cuando el infierno se enteró de la misión de Nehemías, convocó a dos poderosos oponentes en un esfuerzo por detener todo el progreso de los judíos. Estos oponentes eran Sanbalat y Tobías. Según los Papiros de Elefantina (una colección de documentos antiguos del siglo V a.C.), Sanbalat era gobernador de Samaria. Su hija estaba casada con el nieto del sumo sacerdote de Jerusalén (Neh. 13:28), lo que indica poderosas conexiones en Judá. Sanbalat era moabita y aparentemente había heredado el odio que Moab sentía por los judíos. Sanbalat controlaba dos ciudades clave en la ruta comercial y, por lo tanto, tenía el poder de causar un gran daño económico a los judíos.

Tobías, un amonita, también albergaba odio hacia Nehemías y su misión. Tobías tenía la autoridad de Persia detrás de él, ya que se cree que las autoridades medo-persas lo habían nombrado gobernador de Amón. Estaba casado con una mujer judía y gozaba del favor de Eliasib, el sumo sacerdote de Jerusalén. Además, muchos en Judá se habían "conjurado" con ellos (Neh. 6:17-18) porque su hijo, Johanan, estaba casado con la hija de Meshullam, un hombre que ayudó a Nehemías a reparar el muro (Neh. 3:4). Desgraciadamente, estos vínculos familiares no sirvieron para atenuar su odio hacia Nehemías y lo que éste intentaba realizar para el Señor.

Sanbalat y Tobías "les disgustó en extremo que viniese alguno para procurar el bien de los hijos de Israel" (Neh. 2:10, RVR60). Despreciaron a Nehemías y se burlaron de él y de aquellos "débiles judíos". Cuando llegues a la escena de tu destino potencial, el infierno comenzará inmediatamente a burlarse de ti. Si el infierno siente que estás aislado al llegar, te intimidará, esperando que te rindas antes de empezar. Por lo tanto, sostengo que necesitas saber no sólo lo que Dios está pidiendo de ti, sino también lo que el enemigo está pidiendo de ti.

Las preguntas más comunes que oirás del Señor en el momento de adentrarte a la misión pueden ser las siguientes ¿Irás? ¿Vas a ayunar? ¿Mantendrás el rumbo y no mirarás atrás? ¿Confiarás en mí? ¿Te someterás a mi voluntad? Es vital para el éxito de tu misión que respondas a estas preguntas antes de empezar.

A continuación, profundizaremos en cinco grandes preguntas que el enemigo planteó al inicio de la misión de Nehemías. Éstas, por supuesto, formaban parte de las burlas de Sanbalat y pretendían disuadir a Nehemías de su misión.

¿QUÉ HACEN ESTOS DÉBILES JUDÍOS?

Las cinco preguntas del discurso de Sanbalat a los jefes samaritanos y a los líderes militares se encuentran en Nehemías 4:2. La primera pregunta no fue "¿Qué crees que estás haciendo, Nehemías?" o "¿Qué crees que te harán estos soldados samaritanos?". La pregunta fue: "¿Qué están haciendo estos débiles judíos?". En otras palabras, el infierno quiere saber si tu misión involucra a la gente débil que está cerca de ti, lo que le daría al enemigo una victoria fácil. Sabemos que estás en una misión, pero ¿esta misión es para ti solo o van a participar otros? No cualquier otro, sino otros que no son ni hábiles ni fuertes.

Sabemos que tienes un plan para los brillantes, pero ¿tienes un plan para los quebrantados? Parece que la preocupación inmediata del enemigo sobre cualquier misión ordenada por Dios es si el líder involucrará a aquellos en quien nadie cree. Cualquiera puede invertir en la grandeza potencial, pero ¿puedes ver la grandeza en aquellos que no son ni hábiles ni fuertes? Es fácil motivar al soñador, pero ¿puedes motivar al debilitado?

Estos "débiles judíos" eran el pueblo remanente que el rey Nabucodonosor había considerado demasiado inútil para ser llevado cautivo durante la invasión babilónica de Judá. Nabucodonosor no previó ningún levantamiento de este remanente porque carecían del potencial para reconstruir Jerusalén física, financiera y agrícolamente; Babilonia simplemente los había dejado allí para que murieran. Estos débiles judíos habían sobrevivido de alguna manera y habían criado hijos y nietos, que ahora habitaban una ciudad sin murallas, sin protección, sin gran éxito o importancia, y aparentemente sin medios para conseguir ninguna de esas cosas. A los ojos del infierno, los débiles son simplemente débiles supervivientes.

Lo que el infierno no se da cuenta es que los supervivientes pueden convertirse en su peor pesadilla. No hay nada más peligroso en una ciudad que un líder llamado por Dios, obediente, que ayuna por el avivamiento y los sobrevivientes, por débiles que sean, se aferran al esfuerzo del líder. Cuando ya has pasado por lo peor de lo peor, y aún así te mantienes en pie y crees que Dios todavía tiene planes para tu vida, tu mera existencia desagrada al infierno.

Los supervivientes tienen tenacidad; aguantan y no renuncian. No se rinden cuando los tiempos se ponen difíciles. En pocas palabras, si las fuerzas de Satanás saben que eres un sobreviviente, se preocupan porque se necesitarán mucho para eliminarte. Si los sobrevivientes se involucran en la misión de Nehemías, ésta se cumplirá, ¡y tanto el cielo como el infierno lo saben!

¿SE FORTIFICARÁN?

La segunda pregunta de Sanbalat no era "¿Cómo es posible que estos débiles judíos piensen que tienen la fuerza -y sin hablar de los medios- para restaurar la muralla por sí mismos?", sino "¿Llegarán al lugar donde aprendan a fortalecerse?". El enemigo sabía que si estos judíos reunían el coraje y la fuerza para resistir las burlas y otras tácticas malvadas, esto supondría una diferencia drástica en el resultado de la misión. Cuando las personas aprenden a animarse a sí mismas, de repente se convierten en armas, incluso cuando están solas.

El infierno sabe que cuando escuchas a tu pastor predicar o estás alrededor del cuerpo de Cristo, recibirás ánimo y fuerza. Pero las personas que se animan a sí mismas caminan con una fuerza diferente. Por ejemplo, David sabia como animarse a si mismo. Incluso cuando había perdido a su familia y sus propios hombres querían matarlo, él aprovechó un lugar en Dios donde podía aumentar su fuerza sin ninguna ayuda. La Biblia dice que David se animó en el Señor. ¡Esto es algo que el infierno teme! Amigo mío, despierta el don que está dentro de ti. No esperes a que otros te fortalezcan; fortalécete a ti mismo en el Señor.

La auto-motivación mata la auto-proclamación. Cuando David se motivó en el Señor, se puso en posición de pedir algo a Dios. Preguntó si debía perseguir al enemigo, y si lo perseguía, ¿lo alcanzaría? Lo que no preguntó fue: "¿Lo recuperaré todo?". Pero cuando Dios contestó, le informó a David que efectivamente debía perseguir, que alcanzaría al enemigo y recuperaría todo. El Señor le concedió un nivel de favor aún mayor simplemente porque no lo pidió. Si hubiera pedido recuperar todas sus pertenencias, aun así habría estado operando con derecho. Su humildad al no pedir nada más que la victoria en la batalla permitió a Dios para que le diera a David algo más que la mera victoria; le dio el botín de guerra.

Mientras Pablo estaba atado con cadenas, golpeado y ensangrentado ante un rey que tenía un legado de asesinatos, las cosas se veían bastante mal. ¿Cuál era el legado de asesinato del rey? El bisabuelo de Agripa era Herodes el Grande, el rey que había ordenado la matanza de todos los bebés de Belén en la época en que nació Jesús (Mateo 2:16). Su abuelo era Herodes Antipas, que había ordenado la decapitación de Juan el Bautista (Mateo 14:1-12). Su padre, Agripa I, fue el responsable de la muerte de Santiago (Hechos 12). Pablo estaba ahora ante Herodes Agripa II como un prisionero que podía correr la misma suerte que los héroes anteriores, pero declaró con valentía: "Me considero feliz". En efecto, estaba diciendo: "No importa lo que me hagas por fuera, en mi mente te tengo pisoteado en el suelo porque he aprendido a motivarme". ¡Qué revelación! Aprender a fortalecerse a s mismo infundirá siempre miedo en el corazón del adversario.

¿SE SACRIFICARÁN?

La tercera pregunta de Sanbalat me asombra, porque es una pregunta que no esperaría que hiciera el enemigo. Me parece que la pregunta "¿Se sacrificarán?" normalmente vendría de Dios o de un líder espiritual. Pero aquí tenemos al adversario preguntando sobre el sacrificio. La pregunta no era "¿Se sacrificará Nehemías?" sino "¿Ellos se sacrificarán?" El enemigo sabía que Nehemías estaba comprometido con el sacrificio debido a la determinación que mostró al ejecutar la misión. El enemigo quería saber si los demás eran tan serios como Nehemías.

Creo que si cualquier iglesia va a experimentar el avivamiento que desea, tiene que creer en el sacrificio corporativo, no sólo en el sacrificio del liderazgo. La diferencia entre una iglesia en la que sólo los líderes se sacrifican y una iglesia en la que todos ayunan, todos realizan las misiones, todos oran y todos participan es astronómica.

El impacto en una ciudad o comunidad es limitado cuando sólo el pastor ayuna, ora y lo da todo. Creo que se puede tener un mayor avivamiento si toda la iglesia ayuna durante tres días que si una persona ayuna durante treinta días. Aquí está la razón: el que ayuna treinta días está destinado a cosechar la mayor parte de las recompensas porque ellos mismos están haciendo el sacrificio. Sin embargo, cuando un grupo de personas se inspira para ayunar por una respuesta, los resultados se multiplican y se manifiestan en toda la iglesia, la ciudad y la comunidad.

¿Esta iglesia está esperando que Dios les envíe respuestas, o están dispuestos a matar algunas cosas para recibir las respuestas? ¿Están dispuestos a morir para poder vivir? ¿Se sacrificarán? El infierno no se intimida en absoluto por una iglesia que está atascada en el juego de la espera con Dios. Las iglesias que parecen no tener nunca un avivamiento son las que siempre parecen estar esperando a que aparezca. Sin embargo, el avivamiento parece manifestarse continuamente en las iglesias que se sacrifican por él. Es sencillo, si todos se sacrifican, el infierno se preocupará instantáneamente por lo que el cielo enviará a esa iglesia en respuesta al sacrificio. El cielo invadirá las atmósferas donde hay sacrificios en el altar. El favor encontrará a los ayunantes. Las bendiciones parecen siempre gotear hacia aquellos que bendicen a otros con sacrificios.

Lo contrario también es cierto: donde no hay sacrificio, rara vez habrá es un favor celestial. Sólo pregúntale a Caín. Caín pensaba que el sacrificio al Señor no era gran cosa. Pronto descubrió lo contrario, pero en lugar de humillarse y someterse al consejo de Dios, eligió asesinar al que sacrificaba: su hermano, Abel. Muy a menudo, los que se niegan a sacrificar sienten la convicción y se enfrentan a los que sí lo hacen. Sin embargo, cuando la convicción los golpea, hay que tomar una decisión: humillarse o hacer una escena. Caín eligió lo segundo. Descubrió que al final no le valió la pena.

¿ACABARÁN EN UN DÍA?

Esta pregunta, "¿Acabarán en un día?" parece tener un doble motivo detrás. Sanbalat y sus compinches no sólo se preguntaban si era posible que el pueblo lograra reconstruir esta muralla rápidamente, sino también si abandonarían si su misión no se cumplía rápidamente. El infierno quería saber si era posible que los débiles judíos pudieran restaurar rápidamente algo tan destrozado y roto. Además, el enemigo se preguntaba si el pueblo de Dios se mantendría en el camino si la misión tardaba más de lo esperado. Sanbalat y su equipo estaban ansiosos por poner en práctica sus planes para obstaculizar y retrasar el proyecto.

Tal vez mi pregunta para ti sea, ¿vas a durar si el resultado no se produce cuando crees que debería o de la manera que debería? ¿Permanecerás enfocado en tu destino cuando parezca estar más lejos de lo que originalmente estimaste? La Biblia Estándar Cristiana formula la pregunta de esta manera: "¿Lo terminarán alguna vez?" El infierno quiere que creas que lo que el Señor comenzó en ti nunca llegará a completarse debido a todos los retrasos que estás experimentando.

En el mundo espiritual, la señal de que te diriges en la dirección correcta hacia tu destino no es el favor, sino la resistencia. Por ejemplo, tendemos a pensar que José estaba en camino hacia su destino cuando Dios invirtió el curso de su vida y salió de la puerta de la prisión para entrar en el palacio. Por el contrario, José estaba oficialmente en camino hacia su destino cuando le quitaron su colorida capa y lo arrojaron a un pozo. Llegar a su destino le llevó mucho más tiempo del que probablemente esperaba, pero al vivir diariamente en la dimensión de la servidumbre acallaba las voces del enemigo que se burlaban: "¿Acabará alguna vez? ¿Saldrá alguna vez de esto?". La respuesta fue un rotundo "¡Sí!" y así es tu respuesta. ¡Acabarás en un día!

¿RESUCITARÁN LAS PIEDRAS DE LOS MONTONES DE BASURA QUEMADA?

En esta pregunta hay una mina de oro llena de perlas de revelación para tu alma. Vamos a extraer algunos de estos tesoros. En primer lugar, la pregunta comienza así: "¿Resucitarán las piedras?". Estas piedras eran lo que quedaba del muro quemado que había sido demolido bajo el asedio de Babilonia setenta años antes. La pregunta no era si traerían piedras nuevas, sino más bien: "¿Piensan utilizar las piedras que había en este muro?". No habría un inventario disponible de piedras recién cortadas para reconstruir el muro de Jerusalén; planeaban utilizar las piedras rotas y quemadas que habían estado en el muro original. Creo que hay una cosecha importante de reincidentes y de seres queridos perdidos que vuelven al muro, y el infierno está nervioso por ello.

¿Dónde estaban esas piedras? Estaban por todas partes, amontonadas en montones de basura y escombros. ¿Dónde estaba toda esta basura? Todavía en la ciudad. Los quebrantados siguen rondando cerca del muro. Hay personas que solían venir a la iglesia, pero ahora sus vidas están rotas y quemadas, pero siguen viviendo en la ciudad. El infierno quiere saber si piensas contactar con ellos. ¿Planeas levantarlos, quitarles el polvo y encontrarles un lugar en el muro? ¿Hay un lugar en tu iglesia, en tu grupo de jóvenes, en tu equipo para una roca rota y quemada que lleva años languideciendo en la basura? Estás ayunando por tu propio destino, o buscas restaurar a los que languidecen en el basurero, pero sus corazones claman desde el fuego del dolor de la vida: "¡Por favor, envíame un Nehemías! Envíame a alguien que ayune lo suficiente para conseguir una carga para toda mi familia, no sólo para mí".

Tu influencia se multiplica cuando tu consagración y tus motivos son desinteresados. El infierno se preocupa de que descubras que la respuesta que realmente necesitas está más cerca de lo que crees. Sólo está camuflada entre las cenizas y el caos. Las piedras manchadas sólo adquirirán valor si alguien consagrado está dispuesto a recogerlas, desempolvarlas y encontrarles un lugar en el muro.

Nehemías 4:7 registra que las brechas en el muro comenzaban a ser detenidas, o como dice la Nueva Versión Internacional, "las brechas estaban siendo cerradas". ¿Qué estaban usando para rellenar las brechas? Las piedras rotas, manchadas, reventadas. La gente que no tiene nada que perder puede rellenar los huecos como nadie. Las personas que nunca debieron pasar por lo que soportaron pueden ser bloqueadores de brechas. Nehemías ayunó por otros, luego restauró sus piezas rotas y reparó su muro. Ningún enemigo -ni Sanbalat, ni Tobías, ni ninguno de sus secuaces- pudo detener esa misión porque fue ordenada por el Rey de reyes, y fue llevada a cabo mediante el ayuno.

El enemigo teme cuando tu ayuno se vuelve contagioso.

Cuando tu motivo para ayunar es el reavivamiento de otros, estás ayunando oficialmente hacia adelante. Así que adelante, comienza tu ayuno. No te preocupes por los obstáculos, las trabas y los enemigos. El Señor dijo en el Mar Rojo: "Dile al pueblo que avance". Ahora lo vuelve a decir. Es hora de ayunar. Es hora de avanzar ayunando. Haz que este sea el lema de tu vida: Si oras mucho, sueñas en grande y ayunas mucho tiempo, recibirás una misión divina del Señor. Así que sigue leyendo, sigue orando e inicia tu ayuno.

www.ingramcontent.com/pod-product-compliance
Lightning Source LLC
Chambersburg PA
CBHW051832090426
42736CB00011B/1758

*9 7 8 1 9 5 3 2 8 5 2 5 6 *